L'OMNIBUS

DU

ROULAGE,

CONTENANT :

1° LOI DU 30 MAI 1851, SUIVIE DU RÈGLEMENT DU 10 AOUT 1852 ;

2° CONDITIONS DE LA CONSTRUCTION D'UNE DILIGENCE ;

3° TABLEAU SYNOPTIQUE DE LA JURISPRUDENCE ET DES CONTRAVENTIONS ;

4° COMPÉTENCE GÉNÉRALE ET PAR ORDRE ALPHABÉTIQUE, POUR
LES CONSEILS DE PRÉFECTURE,
LES TRIBUNAUX DE POLICE CORRECTIONNELLE,
ET CEUX DE SIMPLE POLICE ;

5° PROCÈS-VERBAL D'EXPERTISE D'UNE VOITURE DE MESSAGERIES ;

6° LE MODÈLE DU REGISTRE DES PLAINTES CHEZ LES ENTREPRENEURS ET
RELAYEURS ;

7° RÉSUMÉ DES OBLIGATIONS DES VOITURIERS ET DES ROULIERS
POUR LE TRANSPORT DES MARCHANDISES QUI LEUR SONT CONFIÉES,
ET LES DEVOIRS DE CELUI QUI REÇOIT L'EXPÉDITION.

PAR

J.-H. DE BAVILLIER,

Juge de paix, chevalier de la Légion d'honneur.

Dura Lex, sed Lex.

PRIX : 1 FRANC 20 CENTIMES.

NANTES,
And GUÉRAUD ET Cie,
Imprimerie-Librairie
DU PASSAGE BOUCHAUD.

PARIS,
AUGUSTE DURAND,
Libraire-Éditeur
RUE DES GRÈS-SORBONNE, 7.

1857.

L'OMNIBUS DU ROULAGE.

C.

L'OMNIBUS

DU

ROULAGE,

CONTENANT :

1° LOI DU 30 MAI 1851, SUIVIE DU RÈGLEMENT DU 10 AOUT 1852;

2° CONDITIONS DE LA CONSTRUCTION D'UNE DILIGENCE ;

3° TABLEAU SYNOPTIQUE DE LA JURISPRUDENCE ET DES CONTRAVENTIONS ;

4° COMPÉTENCE GÉNÉRALE ET PAR ORDRE ALPHABÉTIQUE, POUR
LES CONSEILS DE PRÉFECTURE,
LES TRIBUNAUX DE POLICE CORRECTIONNELLE,
ET CEUX DE SIMPLE POLICE ;

5° PROCÈS-VERBAL D'EXPERTISE D'UNE VOITURE DE MESSAGERIES ;

6° LE MODÈLE DU REGISTRE DES PLAINTES CHEZ LES ENTREPRENEURS ET
RELAYEURS ;

7° RÉSUMÉ DES OBLIGATIONS DES VOITURIERS ET DES ROULIERS
POUR LE TRANSPORT DES MARCHANDISES QUI LEUR SONT CONFIÉES,
ET LES DEVOIRS DE CELUI QUI REÇOIT L'EXPÉDITION.

PAR

J.-H. DE BAVILLIER,

Juge de paix, chevalier de la Légion d'honneur.

Dura Lex, sed Lex

NANTES,

Aⁿᵈ GUÉRAUD ET Cⁱᵉ, IMPRIMERIE-LIBRAIRIE
DU PASSAGE BOUCHAUD.

1857.

Le dépôt légal de cet ouvrage a été fait à Nantes, et les formalités prescrites ont été remplies.

Tous les Exemplaires non revêtus de la signature de l'auteur seront réputés contrefaits, et poursuivis conformément à la loi.

A TOUS.

Nous désirons que le titre que nous donnons à cet opuscule puisse bien rendre notre pensée. Nous ne nous sommes pas attaché à faire un livre de jurisprudence. Toutefois, il est de règle, en droit, que nul ne doit ignorer la loi : en présence de celle relative à la police du roulage et de son règlement administratif, il est facile de reconnaître combien l'étude de cette législation offre de difficultés et de recherches minutieuses. Pour nous, il est constant, après l'examen et l'étude auxquels nous nous sommes livré, qu'une grande partie des agents chargés de verbaliser auraient préalablement besoin d'un travail particulier qui pourrait dépasser les forces d'un homme étranger à la connaissance des lois.

Par suite de ces réflexions, nous avons été conduit à l'idée de faire un Dictionnaire ou recueil alphabétique de la police du Roulage. En l'intitulant : **L'OMNIBUS**, nous avons voulu dire : *à l'usage de tous.* — Gardes-champêtres et gendarmes reconnaîtront au premier coup d'œil toute contravention, sa nature ; l'administrateur en appréciera la compétence, et le magistrat sera tout d'abord fixé sur la pénalité qui doit être appliquée. — Enfin, il n'est pas jusqu'au charron, au laboureur, au conducteur et à tout entrepreneur de voitures qui n'y trouve les documents d'une utilité de tous les jours.

Espérons que la mise en pratique de cette publication prouvera que nous ne nous sommes pas trompé dans nos prévisions. — Nous réclamerons de chacun une publicité pour tous et nous solliciterons le concours et les lumières de nos lecteurs qui auraient l'obligeance de nous adresser leurs observations, que nous mettrons à profit dans les éditions suivantes, s'il y a lieu.

Quant à nous, ce sera une bien douce récompense pour notre vieille expérience et pour nos travaux, s'ils ont été fructueux et utiles A TOUS.

J.-H. DE BAVILLIER,

Juge de paix, chevalier de la Légion d'honneur.

Redon (Ille-et-Vilaine), le 15 avril 1857.

LOI

Sur la Police du Roulage et des Messageries publiques.

Des 12, 30 avril et 30 mai 1851.

———————— ⟶ ⟵ ————————

TITRE PREMIER.
DES CONDITIONS DE LA CIRCULATION DES VOITURES.

ART. 1er. Les voitures suspendues ou non suspendues, servant au transport des personnes ou des marchandises, peuvent circuler sur les routes nationales, départementales et chemins vicinaux de grande communication, sans aucune condition de réglementation de poids, ou de largeur de jantes.

ART. 2. Des règlements d'administration publique déterminent :

§ 1er. Pour toutes les voitures,

1° La forme des moyeux, le maximum de la longueur des essieux, et le maximum de leur saillie au delà des moyeux;

2° La forme des bandes des roues ;

3° La forme des clous des bandes ;

4° Les conditions à observer pour l'emplacement et les dimensions de la plaque prescrite par l'article 3;

5° Le maximum du nombre des chevaux de l'attelage que peut comporter la police ou la libre circulation des routes ;

6° Les mesures à prendre pour régler momentanément la circulation pendant les jours de dégel, et les précautions à prendre pour la protection des ponts suspendus.

§ 2. Pour les voitures ne servant pas au transport des personnes,

1° La largeur du chargement; .

2° La saillie des colliers des chevaux;

3° Les modes d'enrayage;

4° Le nombre des voitures qui peuvent être réunies en un même convoi, l'intervalle qui doit rester libre d'un convoi à un autre, et le nombre de conducteurs exigé pour la conduite de chaque convoi;

5° Les autres mesures de police à observer par les conducteurs, notamment en ce qui concerne le stationnement sur les routes, et les règles à suivre pour éviter ou dépasser d'autres voitures.

Sont affranchies de toute réglementation de largeur de chargement les voitures de l'agriculture servant au transport des récoltes de la ferme aux champs et des champs à la ferme, ou au marché.

§ 3. Pour les voitures de messageries,

1° Les conditions relatives à la solidité et à la stabilité des voitures ;

2° Le mode de chargement, de conduite et d'enrayage des voitures ;

3° Le nombre de personnes qu'elles peuvent porter ;

4° La police des relais ;

5° Les autres mesures de police à observer par les conducteurs, cochers ou postillons, notamment pour éviter ou dépasser d'autres voitures.

ART. 3. Toute voiture circulant sur les routes nationales, départementales et chemins vicinaux de grande communication, doit être munie d'une plaque conforme au modèle prescrit par le règlement d'administration publique rendu en vertu du n° 4 du premier paragraphe de l'article 2.

Sont exceptées de cette disposition,

1° Les voitures particulières destinées au transport des personnes, mais étrangères à un service public des messageries ;

2° Les malles-postes et autres voitures appartenant à l'administration des postes ;

3° Les voitures d'artillerie, chariots et fourgons appartenant au département de la guerre et de la marine ;

Des décrets du Président de la République déterminent les marques distinctives que doivent porter les voitures désignées aux paragraphes 2 et 3, et les titres dont leurs conducteurs doivent être munis.

4° Les voitures employées à la culture des terres, au transport des récoltes, à l'exploitation des fermes, qui se rendent de la ferme aux champs ou des champs à la ferme, ou qui servent au transport des objets récoltés du lieu où ils ont été recueillis jusqu'à celui où, pour les conserver ou les manipuler, le cultivateur les dépose ou les rassemble.

TITRE II.

DE LA PÉNALITÉ.

ART. 4. Toute contravention aux règlements rendus en exécution des dispositions des nos 1, 2, 3, 5 et 6 du premier paragraphe de l'article 2, et des numéros 1, 2 et 3 du deuxième paragraphe du même article, est punie d'une amende de cinq à trente francs.

ART. 5. Toute contravention aux règlements rendus en exécution des dispositions des numéros 4 et 5 du deuxième paragraphe de l'article 2, est punie d'une amende de six à dix francs et d'un emprisonnement de un à trois jours. En cas de récidive, l'amende pourra être portée à quinze francs et l'emprisonnement à cinq jours.

ART. 6. Toute contravention aux règlements rendus en vertu du troisième paragraphe de l'article 2 est punie d'une amende de seize à deux cents francs et d'un emprisonnement de six à dix jours.

ART. 7. Tout propriétaire d'une voiture circulant sur des voies publiques sans qu'elle soit munie de la plaque prescrite par l'article 3 et par les règlements rendus en exécution du numéro 4 du premier paragraphe de l'article 2, sera puni d'une amende de six à quinze francs, et le conducteur d'une amende de un à cinq francs.

ART. 8. Tout propriétaire ou conducteur de voiture qui aura fait usage d'une plaque portant un nom ou domicile faux ou supposé, sera puni d'une amende de cinquante à deux cents francs et d'un emprisonnement de six jours au moins et de six mois au plus.

La même peine sera applicable à celui qui, conduisant une voiture dépourvue de plaque, aura déclaré un nom ou domicile autre que le sien ou que celui du propriétaire pour le compte duquel la voiture est conduite.

ART. 9. Lorsque, par la faute, la négligence ou l'imprudence du conducteur, une voiture aura causé un dommage quelconque à une route ou à ses dépendances, le conducteur sera condamné à une amende de trois à cinquante francs.

Il sera, de plus, condamné aux frais de la réparation.

ART. 10. Sera puni d'une amende de seize à cent francs, indépendamment de celle qu'il pourrait avoir encourue pour toute autre cause, tout voiturier ou conducteur qui, sommé de s'arrêter par l'un des fonctionnaires ou agents chargés de constater les contraventions, refuserait d'obtempérer à cette sommation et de se soumettre aux vérifications prescrites.

ART. 11. Les dispositions du livre III, titre Ier, chapitre III, section 4, paragraphe 2, du Code pénal, sont applicables en cas d'outrages ou de violences envers les fonctionnaires ou agents chargés de constater les délits et contraventions prévus par la présente loi.

ART. 12. Lorsqu'une même contravention ou un même délit prévu aux articles 4, 7 et 8 a été constaté à plusieurs reprises, il n'est prononcé qu'une seule condamnation, pourvu qu'il ne se soit pas écoulé plus de vingt-quatre heures entre la première et la dernière constatation.

Lorsqu'une même contravention ou un même délit prévu à l'article 6 a été constaté à plusieurs reprises pendant le parcours d'un même relais, il n'est prononcé qu'une seule condamnation.

Sauf les exceptions mentionnées au présent article, lorsqu'il aura été dressé plusieurs procès-verbaux de contravention, il sera prononcé autant de condamnations qu'il y aura eu de contraventions constatées.

ART. 13. Tout propriétaire de voiture est responsable des amendes, des dommages intérêts et des frais de réparation prononcés, en vertu des articles du présent titre, contre toute personne préposée par lui à la conduite de sa voiture.

Si la voiture n'a pas été conduite par ordre et pour le compte du propriétaire, la responsabilité est encourue par celui qui a préposé le conducteur.

ART. 14. Les dispositions de l'article 463 du Code pénal sont applicables dans tous les cas où les tribunaux correctionnels ou de simple police prononcent en vertu de la présente loi.

TITRE III.

DE LA PROCÉDURE.

ART. 15. Sont spécialement chargés de constater les contraventions et délits prévus par la présente loi, les conducteurs, agents voyers, cantonniers, chefs et autres employés du service des ponts et chaussées ou des chemins vicinaux de grande communication, commissionnés à cet effet, les gendarmes, les gardes champêtres, les employés des contributions indirectes, agents forestiers ou des douanes, et employés des poids et mesures ayant droit de verbaliser, et les employés des octrois ayant le même droit.

Peuvent également constater les contraventions et les délits prévus par la présente loi, les maires et adjoints, les commissaires et agents assermentés de police, les ingénieurs des ponts et chaussées, les officiers et les sous-officiers de gendarmerie, et toute personne commissionnée par l'autorité départementale pour la surveillance de l'entretien des voies de communication.

Les dommages prévus à l'article 9 sont constatés, pour les routes nationales et départementales, par les ingénieurs, conducteurs et autres employés des ponts et chaussées commissionnés à cet effet, et pour les chemins vicinaux de grande communication, par les agents voyers, sans préjudice du droit réservé à tous les fonctionnaires et agents mentionnés au présent article de dresser procès-verbal du fait de dégradation qui aurait lieu en leur présence.

Les procès-verbaux dressés en vertu du présent article font foi jusqu'à preuve contraire.

ART. 16. Les contraventions prévues par les articles 4 et 6 ne peuvent, en ce qui concerne les voitures publiques allant au trot, être constatées qu'au lieu de départ, d'arrivée, de relais et de stations desdites voitures, ou aux barrières d'octroi, sauf toutefois celles qui concernent le nombre des voyageurs, le mode de conduite des voitures, la police des conducteurs, cochers ou postillons, et les modes d'enrayage.

ART. 17. Les contraventions prévues par les articles 4 et 9 sont jugées par le conseil de préfecture du département où le procès-verbal a été dressé.

Tous les autres délits et contraventions prévus par la présente loi sont de la compétence des tribunaux.

ART. 18. Les procès-verbaux rédigés par les agents mentionnés au paragraphe premier de l'article 15 ci-dessus doivent être affirmés dans les trois jours, à peine de nullité, devant le juge de paix du canton ou devant le maire de la commune, soit du domicile de l'agent qui a verbalisé, soit du lieu où la contravention a été constatée.

ART. 19. Les procès-verbaux doivent être enregistrés en débet dans les trois jours de leur date ou de leur affirmation, à peine de nullité.

ART. 20. Toutes les fois que le contrevenant n'est pas domicilié en France, la voiture est provisoirement retenue, et le procès-verbal est immédiatement porté à la connaissance du maire de la commune où il a été dressé, ou de la commune la plus proche sur la route que suit le prévenu.

Le maire arbitre provisoirement le montant de l'amende, et, s'il y a lieu, des frais de réparation, et il en ordonne la consignation immédiate, à moins qu'il ne lui soit présenté une caution solvable.

A défaut de consignation ou de caution, la voiture est retenue jusqu'à ce qu'il ait été statué sur le procès-verbal. Les frais qui en résultent sont à la charge du propriétaire.

Le contrevenant est tenu d'élire domicile dans le département du lieu où la contravention a été constatée; à défaut d'élection de domicile, toute notification lui sera valablement faite au secrétariat de la commune dont le maire aura arbitré l'amende ou les frais de réparation.

ART. 21. Lorsqu'une voiture est dépourvue de plaque, et que le propriétaire n'est pas connu, il est procédé conformément aux trois premiers paragraphes de l'article précédent.

Il en est de même dans le cas de procès-verbal dressé à raison de l'un des délits prévus à l'article 8.

Il sera procédé de la même manière à l'égard de tout conducteur de voiture de roulage ou de messageries, inconnu dans le lieu où il serait pris en contravention, et qui ne serait point régulièrement muni d'un passeport, d'un livret ou d'une feuille de route, à moins qu'il ne justifie que la voiture appartient à une entreprise de roulage ou de messageries, ou qu'il ne résulte des lettres de voiture ou des autres papiers qu'il aurait en sa possession, que la voiture appartient à celui dont le domicile serait indiqué sur la plaque.

ART. 22. Le procès-verbal est adressé, dans les deux jours de l'enregistrement, au sous-préfet de l'arrondissement.

Le sous-préfet le transmet, dans les deux jours de sa réception, au préfet, s'il s'agit d'une contravention de la compétence des conseils de préfecture, ou au procureur de la République, s'il s'agit d'une contravention de la compétence des tribunaux.

ART. 23. S'il s'agit d'une contravention de la compétence du conseil de préfecture, copie du procès-verbal, ainsi que de l'affirmation, quand elle est prescrite, est notifiée avec citation, par la voie administrative, au domicile du propriétaire, tel qu'il est indiqué sur la plaque, ou tel qu'il a été déclaré par le contrevenant, et, quand il y a lieu, à celui du conducteur.

Cette notification a lieu dans le mois de l'enregistrement, à peine de déchéance.

Le délai est étendu à deux mois, lorsque le contrevenant n'est pas domicilié dans le département où la contravention a été constatée; il est étendu à un an, lorsque le domicile du contrevenant n'a pas pu être constaté au moment du procès-verbal.

Si le domicile du conducteur est resté inconnu, toute notification qui lui est faite au domicile du propriétaire est valable.

Art. 24. Le prévenu est tenu de produire, dans le délai de trente jours, ses moyens de défense devant le conseil de préfecture.

Ce délai court à compter de la date de la notification du procès-verbal; mention en est faite dans ladite notification.

A l'expiration du délai fixé, le conseil de préfecture prononce, lors même que les moyens de défense n'auraient pas été produits.

Son arrêté est notifié au contrevenant dans la forme administrative, dix jours au moins avant toute exécution. Si la condamnation a été prononcée par défaut, la notification faite au domicile énoncé sur la plaque est valable.

L'opposition à l'arrêté rendu par défaut devra être formée dans le délai de quarante jours, à compter de la date de la notification.

Art. 25. Le recours au Conseil d'État contre l'arrêté du conseil de préfecture peut avoir lieu par simple mémoire déposé au secrétariat général de la préfecture, ou à la sous-préfecture, et sans l'intervention d'un avocat au Conseil d'État.

Il sera délivré au déposant récépissé du mémoire, qui devra être immédiatement transmis par le préfet.

Si le recours est formé au nom de l'administration, il devra l'être dans les trois mois de la date de l'arrêté.

Art. 26. L'instance à raison des contraventions de la compétence des conseils de préfecture est périmée par six mois, à compter de la date du dernier acte des poursuites, et l'action publique est éteinte, à moins de fausses indications sur la plaque, ou de fausse déclaration en cas d'absence de plaque.

Art. 27. Les amendes se prescrivent par une année, à compter de la date de l'arrêté du conseil de préfecture, ou à compter de la décision du Conseil d'État, si le pourvoi a eu lieu.

En cas de fausses indications sur la plaque, ou de fausses déclarations de nom ou de domicile, la prescription n'est acquise qu'après cinq années.

Art. 28. Lorsque le procès-verbal constatant le délit ou la contravention a été dressé par l'un des agents désignés au paragraphe Ier de l'article 15, le tiers de l'amende prononcée appartient audit agent, à moins qu'il ne s'agisse d'une contravention ou d'un délit prévu aux articles 10 et 11.

Les deux autres tiers sont attribués, soit au trésor public, soit au département, soit aux communes intéressées, selon que la contravention ou le dommage concerne une route nationale, une route départementale, ou un chemin vicinal de grande communication. Il en est de même du total des frais de réparation réglés en vertu de l'article 9, ainsi que du total de l'amende, lorsqu'il n'y a pas lieu d'appliquer les dispositions du paragraphe premier du présent article.

TITRE IV.

ART. 29. Sont et demeurent abrogés, à dater de la promulgation de la présente loi :

La loi du 29 floréal an X (19 mai 1802), relative à la police du roulage ;

La loi du 7 ventôse an XII (27 février 1804) ;

Le décret du 23 juin 1806 ;

Ainsi que toutes autres dispositions contraires à celles de la présente loi.

Continueront d'être exécutées, jusqu'à la promulgation des règlements d'administration publique à établir en vertu de l'article 2, celles des dispositions aujourd'hui en vigueur que ces règlements d'administration publique ont pour objet de modifier ou de remplacer. Toutefois, en ce qui concerne les juridictions et la pénalité, les dispositions de la présente loi seront immédiatement applicables.

TITRE V.

ART. 30. Amnistie est accordée pour les peines encourues ou prononcées à raison de surcharge ou de défaut de largeur de jantes.

Cette amnistie n'est point applicable aux frais avancés par l'État, ni à la part attribuée par les lois et règlements, sur le montant des amendes prononcées, aux divers agents qui ont constaté les contraventions.

Les sommes recouvrées avant la promulgation de la présente loi, en vertu des décisions des conseils de préfecture, ne seront pas restituées.

Délibéré en séance publique, à Paris, les 12, 30 Avril et 30 Mai 1851.

Le Président et les Secrétaires,
Signé DUPIN ; LACAZE, CHAPOT, PEUPIN, BÉRARD, YVAN, MOULIN.

La présente loi sera promulguée et scellée du sceau de l'État.

Le Président de la République,
Signé LOUIS-NAPOLÉON BONAPARTE.

Le Garde des sceaux, Ministre de la justice,
Signé E. ROUHER.

DÉCRET

PORTANT RÈGLEMENT SUR LA POLICE DU ROULAGE ET DES MESSAGERIES PUBLIQUES.

Du 10 août 1852.

———————◆◆◆———————

LOUIS-NAPOLÉON, président de la République française,

Sur le rapport du Ministre des travaux publics ;

Vu l'article 2 de la loi du 30 mai 1851 sur la police du roulage et des messageries publiques ;

Le Conseil d'État entendu,

DÉCRÈTE :

TITRE Ier.
DISPOSITIONS APPLICABLES A TOUTES LES VOITURES.

ART. 1er. Les essieux des voitures ne pourront avoir plus de deux mètres cinquante centimètres (2m,50) de longueur, ni dépasser à leurs extrémités le moyeu de plus de six centimètres (0m,06).

La saillie des moyeux, y compris celle de l'essieu, n'excédera pas de plus de douze centimètres (0m,12) le plan passant par le bord extérieur des bandes. Il est accordé une tolérance de deux centimètres (0m,02) sur cette saillie, pour les roues qui ont déjà fait un certain service.

ART. 2. Il est expressément défendu d'employer des clous à tête de diamant. Tout clou de bandes sera rivé à plat, et ne pourra, lorsqu'il sera posé à neuf, former une saillie de plus de cinq millimètres (0m,005).

ART. 3. Il ne peut être attelé,

1° Aux voitures servant au transport des marchandises, plus de cinq chevaux si elles sont à deux roues ; plus de huit si elles sont à quatre roues, sans qu'il puisse y avoir plus de cinq chevaux de file ;

2° Aux voitures servant au transport des personnes, plus de trois chevaux si elles sont à deux roues, plus de six si elles sont à quatre roues.

ART. 4. Lorsqu'il y aura lieu de transporter des blocs de pierre, des locomotives ou d'autres objets d'un poids considérable, l'emploi d'un attelage exceptionnel pourra être autorisé, sur l'avis des ingénieurs ou des agents voyers, par les préfets des départements traversés.

ART. 5. Les prescriptions de l'article 3 ne sont pas applicables sur les parties de routes ou de chemins vicinaux de grande communication affectées de rampes d'une déclivité ou d'une longueur exceptionnelle.

Les limites de ces parties de routes ou de chemins sur lesquelles l'emploi de chevaux de renfort est autorisé sont déterminées par un arrêté du préfet, sur la proposition de l'ingénieur en chef ou de l'agent voyer en chef du département, et indiquées sur place par des poteaux portant cette inscription : *Chevaux de renfort.*

Pour les voitures marchant avec relais réguliers et servant au transport des personnes ou des marchandises, la faculté d'atteler des chevaux de renfort s'étend à toute la longueur des relais dans lesquels sont placés les poteaux.

L'emploi de chevaux de renfort peut être autorisé temporairement sur les parties de routes ou de chemins de grande communication, lorsque, par suite de travaux de réparation ou d'autres circonstances accidentelles, cette mesure sera nécessaire. Dans ce cas, le préfet fera placer des poteaux provisoires.

ART. 6. En temps de neige ou de verglas, les prescriptions relatives à la limitation du nombre des chevaux demeurent suspendues.

ART. 7. Le ministre des travaux publics détermine les départements dans lesquels il pourra être établi, sur les routes nationales et départementales, des barrières pour restreindre la circulation pendant les temps de dégel.

Les préfets, dans chaque département, déterminent les chemins de grande communication sur lesquels ces barrières pourront être établies.

Ces barrières seront fermées et ouvertes en vertu d'arrêtés du sous-préfet, pris sur l'avis de l'ingénieur d'arrondissement ou de l'agent voyer. Ces arrêtés seront affichés et publiés à la diligence des maires.

Dès que la fermeture des barrières aura été ordonnée, aucune voiture ne pourra sortir de la ville, du bourg ou du village dans lequel elle se trouvera.

Toutefois, les voitures qui seront déjà en marche pourront continuer leur route jusqu'au gîte le plus voisin, où elles seront tenues de rester jusqu'à l'ouverture des barrières. Pour n'être point inquiétés dans leur trajet, les propriétaires ou conducteurs de ces voitures prendront un laissez-passer du maire.

Le jour de l'ouverture des barrières et le lendemain, les voitures ne pourront partir du lieu où elles auront été retenues que deux à la fois et à un quart d'heure d'intervalle. Le maire ou son délégué présidera au départ, qui aura lieu dans l'ordre suivant lequel les voitures se seront fait inscrire à leur arrivée dans la commune.

Le service des barrières sera fait par des agents désignés à cet effet par les ingénieurs où par les agents voyers.

Toute voiture prise en contravention aux dispositions du présent article sera arrêtée, et les chevaux seront mis en fourrière dans l'auberge la plus rapprochée; le tout sans préjudice de l'amende stipulée à l'article 4, titre II de la loi du 30 mai 1851, et des frais de réparation mentionnés dans l'article 9 de ladite loi.

Peuvent circuler pendant la fermeture des barrières de dégel,

1° Les courriers de la malle;

2° Les voitures de voyage suspendues, étrangères à toute entreprise publique de messageries;

3° Les voitures non chargées;

4° Sur les chaussées pavées, les voitures chargées, mais attelées seulement d'un cheval si elles sont à deux roues, et de deux chevaux si elles sont à quatre roues;

5° Sur les chaussées empierrées, les voitures chargées, mais attelées seulement de deux chevaux si elles sont à deux roues, et de trois chevaux si elles sont à quatre roues.

Art. 8. Pendant la traversée des ponts suspendus, les chevaux seront mis au pas; les voituriers ou rouliers tiendront les guides ou le cordeau; les conducteurs et postillons resteront sur leurs siéges.

Défense est faite aux rouliers et autres voituriers de dételer aucun de leurs chevaux pour le passage du pont.

Toute voiture attelée de plus de cinq chevaux ne doit pas s'engager sur le tablier d'une travée, quand il y a déjà sur cette travée une voiture d'un attelage supérieur à ce nombre de chevaux.

Pour les ponts suspendus qui n'offriraient pas toutes les garanties nécessaires pour le passage des voitures lourdement chargées, il pourra être adopté par le ministre des travaux publics ou par le ministre de l'intérieur, chacun en ce qui le concerne, telles autres dispositions qui seront jugées nécessaires.

Dans des circonstances urgentes, les préfets et les maires pourront prendre telles mesures que leur paraîtra commander la sûreté publique, sauf à en rendre compte à l'autorité supérieure.

Les mesures prescrites pour la protection des ponts suspendus seront, dans tous les cas, placardés à l'entrée et à la sortie de ces ponts.

Art. 9. Tout roulier ou conducteur de voiture doit se ranger à sa droite, à l'approche de toute autre voiture, de manière à lui laisser libre au moins la moitié de la chaussée.

Art. 10. Il est interdit de laisser stationner sans nécessité sur la voie publique aucune voiture attelée ou non attelée.

TITRE II.

DISPOSITIONS APPLICABLES AUX VOITURES NE SERVANT PAS AU TRANSPORT
DES PERSONNES.

ART. 11. La largeur du chargement des voitures qui ne servent pas au transport des personnes ne peut excéder deux mètres cinquante centimètres (2m,50). Toutefois, les préfets des départements traversés peuvent délivrer des permis de circulation pour les objets d'un grand volume qui ne seraient pas susceptibles d'être chargés dans ces conditions.

Sont affranchies, conformément à la loi du 30 mai 1851, de toute réglementation de largeur de chargement, les voitures d'agriculture lorsqu'elles sont employées au transport des récoltes de la ferme aux champs, et des champs à la ferme ou au marché.

ART. 12. La largeur des colliers des chevaux ou autres bêtes de trait ne peut dépasser quatre-vingt-dix centimètres (0m,90), mesurés entre les points les plus saillants des pattes des attelles.

ART. 13. Lorsque plusieurs voitures marchent à la suite les unes des autres, elles doivent être distribuées en convois de quatre voitures au plus si elles sont à quatre roues et attelées d'un seul cheval; de trois voitures au plus si elles sont à deux roues et attelées d'un seul cheval, et de deux voitures au plus si l'une d'elles est attelée de plus d'un cheval.

L'intervalle d'un convoi à l'autre ne peut être moindre de cinquante mètres.

ART. 14. Tout voiturier ou conducteur doit se tenir constamment à portée de ses chevaux ou bêtes de trait et en position de les guider.

Il est interdit de faire conduire par un seul conducteur plus de quatre voitures à un cheval si elles sont à quatre roues, et plus de trois voitures à un cheval si elles sont à deux roues.

Chaque voiture attelée de plus d'un cheval doit avoir un conducteur. Toutefois, une voiture dont le cheval est attaché derrière une voiture attelée de quatre chevaux au plus, n'a pas besoin d'un conducteur particulier.

Les règlements de police municipale détermineront, en ce qui concerne la traverse des villes, bourgs et villages, les restrictions qui peuvent être apportées aux dispositions du présent article et de celui qui précède.

ART. 15. Aucune voiture marchant isolément ou en tête d'un convoi ne pourra circuler pendant la nuit sans être pourvue d'un fallot ou d'une lanterne allumée.

Cette disposition pourra être appliquée aux voitures d'agriculture par des arrêtés des préfets ou des maires.

ART. 16. Tout propriétaire de voiture ne servant pas au transport des personnes est tenu de faire placer, en avant des roues et au côté gauche de

2

sa voiture, une plaque métallique portant, en caractères apparents et lisibles ayant au moins cinq millimètres (0ᵐ,005) de hauteur, ses noms, prénoms et profession, le nom de la commune, du canton et du département de son domicile.

Sont exceptées de cette disposition, conformément à la loi du 30 mai 1851,

1° Les voitures particulières destinées au transport des personnes, mais étrangères à un service public des messageries;

2° Les malles-postes et autres voitures appartenant à l'administration des postes;

3° Les voitures d'artillerie, chariots et fourgons appartenant aux départements de la guerre et de la marine.

Des décrets du président de la République déterminent les marques distinctives que doivent porter les voitures désignées aux paragraphes 2 et 3, et les titres dont leurs conducteurs doivent être munis;

4° Les voitures employées à la culture des terres, au transport des récoltes, à l'exploitation des fermes, qui se rendent de la ferme aux champs ou des champs à la ferme, ou qui servent au transport des objets récoltés du lieu où ils ont été recueillis jusqu'à celui où, pour les conserver ou les manipuler, le cultivateur les dépose ou les rassemble.

TITRE III.

DISPOSITIONS APPLICABLES AUX VOITURES DES MESSAGERIES.

Art. 17. Les entrepreneurs des voitures publiques allant à destination fixe déclareront le siége principal de leur établissement, le nombre de leurs voitures, celui des places qu'elles contiennent, le lieu de destination, les jours et heures de départ et d'arrivée. Cette déclaration sera faite, dans le département de la Seine, au préfet de police, et, dans les autres départements, aux préfets ou sous-préfets.

Ces formalités ne seront obligatoires pour les entrepreneurs actuels qu'au renouvellement de leurs voitures, ou lorsqu'ils en modifieront la forme ou la contenance.

Tout changement aux dispositions arrêtées par suite du premier paragraphe du présent article donnera lieu à une déclaration nouvelle.

Art. 18. Aussitôt après les déclarations faites en vertu des paragraphes 1 et 2 de l'article précédent, le préfet ou le sous-préfet ordonne la visite des voitures, afin de constater si elles sont entièrement conformes à ce qui est prescrit par les articles ci-après, de 19 à 29 inclusivement, et si elles ne présentent aucun vice de construction qui puisse occasionner des accidents. Cette visite, qui pourra être renouvelée toutes les fois que l'autorité le jugera nécessaire, sera faite en présence du commissaire de police, par un expert nommé par le préfet ou le sous-préfet.

L'entrepreneur a la faculté de nommer, de son côté, un expert pour opérer contradictoirement avec celui de l'administration.

La visite des voitures ne peut être faite qu'à l'un des principaux établissements de l'entreprise; les frais sont à la charge de l'entrepreneur.

Le préfet prononce sur le vu du procès-verbal d'expertise et du rapport du commissaire de police.

Aucune voiture ne peut être mise en circulation avant la délivrance de l'autorisation du préfet.

ART. 19. Le préfet transmet au directeur des contributions indirectes copie, par extrait, des autorisations par lui accordées en vertu de l'article précédent.

L'estampille prescrite par l'article 117 de la loi du 25 mars 1817 n'est délivrée que sur le vu de cette autorisation, qui doit être inscrite sur un registre spécial.

ART. 20. La largeur de la voie pour les voitures publiques est fixée au minimum à un mètre soixante-cinq centimètres ($1^m,65$), entre le milieu des jantes de la partie des roues reposant sur le sol.

Toutefois, si les voitures sont à quatre roues, la voie de devant pourra être réduite à un mètre cinquante-cinq centimètres ($1^m,55$).

En pays de montagnes, les entrepreneurs peuvent être autorisés, par les préfets, sur l'avis des ingénieurs et des agents voyers, à employer des largeurs de voie moindres que celles réglées par les paragraphes précédents, mais à la condition que les voies seront au moins égales à la voie la plus large des voitures en usage dans la contrée.

ART. 21. La distance entre les axes des deux essieux, dans les voitures publiques à quatre roues, sera égale au moins à la moitié de la longueur des caisses mesurées à la hauteur de leur ceinture, sans pouvoir néanmoins descendre au-dessous de un mètre cinquante-cinq centimètres ($1^m,55$).

ART. 22. Le maximum de la hauteur des voitures publiques, depuis le sol jusqu'à la partie la plus élevée du chargement, est fixé à trois mètres (3^m) pour les voitures à quatre roues, et à deux mètres soixante centimètres ($2^m,60$) pour les voitures à deux roues.

Il est accordé, pour les voitures à quatre roues, une augmentation de dix centimètres ($0^m,10$), si elles sont pourvues à l'avant-train de sassoires et contre-sassoires formant chacune au moins un demi-cercle de un mètre quinze centimètres ($1^m,15$) de diamètre, ayant la cheville ouvrière pour centre.

Lorsque, par application du troisième paragraphe de l'article 20, on autorisera une réduction dans la largeur de la voie, le rapport de la hauteur de la voiture avec la largeur de la voie sera, au maximum, de un trois quarts.

Dans tous les cas, la hauteur est réglée par une traverse en fer placée au milieu de la longueur affectée au chargement, et dont les montants, au moment de là visite prescrite par l'article 17, sont marqués d'une estampille constatant qu'ils ne dépassent pas la hauteur voulue; ils doivent, ainsi que la traverse, être constamment apparents.

La bâche qui recouvre le chargement ne peut déborder ces montants ni la hauteur de la traverse.

Il est défendu d'attacher aucun objet en dehors de la bâche.

ART. 23. Les compartiments des voitures publiques seront disposés de manière à satisfaire aux conditions suivantes :

Largeur moyenne des places, quarante-huit centimètres ($0^m,48$) ;

Largeur des banquettes, quarante-cinq centimètres ($0^m,45$);

Distance entre deux banquettes, quarante-cinq centimètres ($0^m,45$);

Distance entre la banquette du coupé et le devant de la voiture, trente-cinq centimètres ($0^m,35$);

Hauteur du pavillon au-dessus du fond de la voiture, un mètre quarante centimètres ($1^m,40$);

Hauteur des banquettes, y compris le coussin, quarante centimètres ($0^m,40$);

Pour les voitures parcourant moins de vingt kilomètres et pour les banquettes à plus de trois places, la largeur moyenne des places pourra être réduite à quarante centimètres ($0^m,40$).

ART. 24. Il peut être placé sur l'impériale une banquette destinée au conducteur et à deux voyageurs, ou à trois voyageurs lorsque le conducteur se placera sur le même siége que le cocher.

Cette banquette, dont la hauteur, y compris le coussin, ne dépassera pas trente centimètres ($0^m,30$), ne peut être recouverte que d'une capote flexible.

Aucun paquet ne peut être chargé sur cette banquette.

ART. 25. Le coupé et l'intérieur auront une portière de chaque côté.

La caisse de derrière ou la rotonde peut n'avoir qu'une portière ouverte à l'arrière.

Chaque portière sera garnie d'un marchepied.

ART. 26. Les essieux seront en fer corroyé, de bonne qualité, et arrêtés à chaque extrémité, soit par un écrou assujetti au moyen d'une clavette, soit par une boîte à huile, fixée par quatre boulons traversant la longueur du moyeu, soit par tout autre système qui serait approuvé par le ministre des travaux publics.

ART. 27. Toute voiture publique doit être munie d'une machine à enrayer agissant sur les roues de derrière, et disposée de manière à pouvoir être manœuvrée de la place assignée au conducteur.

Les voitures doivent être en outre pourvues d'un sabot et d'une chaîne d'enrayage, que le conducteur placera à chaque descente rapide.

Les préfets peuvent dispenser de l'emploi de ces appareils les voitures qui parcourent uniquement des pays de plaine.

ART. 28. Pendant la nuit, les voitures publiques seront éclairées par une lanterne à réflecteur placée à droite et à l'avant de la voiture.

ART. 29 Chaque voiture porte à l'extérieur, dans un endroit apparent, indépendamment de l'estampille délivrée par l'administration des contributions indirectes, le nom et le domicile de l'entrepreneur, et l'indication du nombre des places de chaque compartiment.

ART. 30. Elle porte à l'intérieur des compartiments : 1º le numéro de chaque place; 2º le prix de la place depuis le lieu du départ jusqu'à celui d'arrivée.

L'entrepreneur ne peut admettre dans les compartiments de ses voitures un plus grand nombre de voyageurs que celui indiqué sur les panneaux, conformément à l'article 29.

ART. 31. Chaque entrepreneur inscrit sur un registre coté et paraphé par le maire, le nom des voyageurs qu'il transporte; il y inscrit également les ballots et paquets dont le transport lui est confié.

Il remet au conducteur, pour lui servir de feuille de route, une copie de cet enregistrement, et à chaque voyageur un extrait en ce qui le concerne, avec le numéro de sa place.

ART. 32. Les conducteurs ne peuvent prendre en route aucun voyageur, ni recevoir aucun paquet, sans en faire mention sur les feuilles de route qui leur ont été remises au point de départ.

ART. 33. Toute voiture publique dont l'attelage ne présentera de front que deux rangs de chevaux, pourra être conduite par un seul postillon ou un seul cocher.

Elle devra être conduite par deux postillons ou par un cocher et un postillon, lorsque l'attelage comportera plus de deux rangs de chevaux.

ART. 34. Les postillons ou cochers ne pourront, sous aucun prétexte, descendre de leurs chevaux ou de leurs siéges.

Il leur est enjoint d'observer, dans les traversées des villes et des villages, les règlements de police concernant la circulation dans les rues.

Dans les haltes, le conducteur et le postillon ne peuvent quitter en même temps la voiture tant qu'elle reste attelée.

Avant de remonter sur son siége, le conducteur doit s'assurer que les portières sont exactement fermées.

ART. 35. Lorsque, contrairement à l'article 9 du présent décret, un roulier ou conducteur de voiture n'aura pas cédé la moitié de la chaussée à une voiture publique, le conducteur ou postillon qui aurait à se plaindre de cette contravention, devra en faire la déclaration à l'officier de police du lieu le plus rapproché, en faisant connaître le nom du voiturier d'après la plaque de sa voiture.

Les procès-verbaux de contravention seront sur-le-champ transmis au procureur de la République, qui fera poursuivre les délinquants.

ART. 36. Les entrepreneurs de voitures publiques, autres que celles conduites par les maîtres de poste, feront, à Paris, à la préfecture de police,
et dans les départements, à la préfecture ou sous-préfecture du lieu où sont
établis leurs relais, la déclaration des lieux où ces relais sont situés et du
nom des relayeurs.

Une déclaration semblable sera faite chaque fois que les entrepreneurs
traiteront avec un nouveau relayeur.

ART. 37. Les relayeurs ou leurs préposés seront présents à l'arrivée et au
départ de chaque voiture, et s'assureront par eux-mêmes, et sous leur
responsabilité, que les postillons ne sont pas en état d'ivresse.

La tenue des relais, en tout ce qui intéresse la sûreté des voyageurs, est
surveillée, à Paris, par le préfet de police, et dans les départements, par les
maires des communes où ces relais se trouvent établis.

ART. 38. Nul ne peut être admis comme postillon ou cocher, s'il n'est âgé
de seize ans au moins et porteur d'un livret délivré par le maire de la commune de son domicile, attestant ses bonnes vie et mœurs et son aptitude pour
le métier qu'il veut exercer.

ART. 39. A chaque bureau de départ et d'arrivée, et à chaque relai, il y a
un registre coté et parafé par le maire, pour l'inscription des plaintes que
les voyageurs peuvent avoir à former contre les conducteurs, postillons ou
cochers. Ce registre est présenté aux voyageurs à toute réquisition par le
chef du bureau ou par le relayeur.

Les maîtres de poste qui conduisent des voitures publiques présentent, aux
voyageurs qui le requièrent, le registre qu'ils sont obligés de tenir d'après
le règlement des postes.

ART. 40. Les dispositions qui précèdent ne sont pas applicables aux malles-
postes destinées au transport de la correspondance du Gouvernement et du
public, la forme, les dimensions, le chargement et le mode de conduite de ces
voitures étant déterminés par des règlements particuliers.

Les voitures des entrepreneurs qui transportent les dépêches ne sont pas
considérées comme malles-postes.

ART. 41. Les voitures publiques qui desservent les routes des pays voisins,
et qui partent des villes frontières ou qui y arrivent, ne sont pas soumises
aux règles ci-dessus prescrites. Elles doivent, toutefois, être solidement
construites.

ART. 42. Les articles ci-dessus, de 16 à 38, seront constamment placardés,
à la diligence des entrepreneurs des voitures publiques, dans le lieu le plus
apparent des bureaux et des relais.

Les articles de 28 à 38 inclusivement, seront imprimés à part et affichés
dans l'intérieur de chacun des compartiments des voitures.

TITRE IV.
DISPOSITIONS TRANSITOIRES.

ART. 43. Il est accordé un délai de deux ans, à partir de la promulgation du présent décret, pour l'exécution de l'article 12, relatif à la saillie des colliers.

ART. 44. Les contraventions au présent règlement seront constatées, poursuivies et réprimées conformément aux titres II et III de la loi du 30 mai 1851, sans préjudice des mesures spéciales prescrites par les règlements locaux.

ART. 45. Les ordonnances des 23 décembre 1816 et 16 juillet 1828 sont et demeurent rapportées.

ART. 46. Les ministres des travaux publics, de l'intérieur et des finances sont chargés, chacun en ce qui le concerne, de l'exécution du présent décret, qui sera inséré au Bulletin des lois.

Fait au palais des Tuileries, le 10 août 1852.

Signé LOUIS-NAPOLÉON.

Par le Président de la République :

Le Ministre des travaux publics,

Signé P. MAGNE.

CONDITIONNEMENT

Conforme au décret du 10 août 1852, pour la construction d'une voiture de Messageries à quatre roues.

1° Elle doit avoir en hauteur. . . . . *Maximum* 3^m,00

2° La voie de l'avant sera large de. . . . . . . *Minimum* 1^m,55

3° La voie de l'arrière sera large de. . . . . . . *Id.* 1^m,65

4° Les essieux auront une longueur de.. . . . . .. *Maximum* 2^m,50

5° Les axes seront distants de.. . . . . *Minimum* 1^m,55

6° La largeur moyenne des places sera de. . . . . 0^m,48

7° Les banquettes auront une largeur de. . . . . 0^m,45

8° Entre deux banquettes, il y aura une distance de. . . . . . 0^m,45

9° Entre la banquette du coupé et le devant de la voiture, une distance de. . . . . 0^m,35

10° Le pavillon au-dessus du fond de la voiture aura une hauteur de. . . . . 1^m,40

11° Les banquettes avec leurs coussins auront une hauteur de. . 0^m,40

12° La banquette de l'impériale aura une hauteur de. *Maximum* 0^m,30

13° Les essieux seront en fer corroyé, en conformité de l'article 26 du règlement, et terminés par un écrou avec clavette ou par une boîte à huile, et ne peuvent dépasser, à leurs extrémités, le moyeu de plus de six centimètres (0^m,06).

14° Machine à enrayer et sabot agissant sur les roues de derrière, article 27 du règlement. (Sauf, en ce qui concerne le sabot, la dispense du Préfet.)

15° Lanterne à réflecteur placée à droite et à l'avant de la voiture.

16° Le coupé et l'intérieur auront une portière de chaque côté. — La caisse de derrière aura une portière ouverte à l'arrière. — Chaque portière sera garnie d'un marchepied.

17° Le nombre des places écrit à l'extérieur, et numérotées chacune à l'intérieur.

Pour une voiture à deux roues.

Maximum de sa hauteur.. . . . . 2^m,60

Largeur de la voie. . . . . 1^m,55 à 65

Largeur moyenne des places. . . . . 0^m,48

— des banquettes. . . . . 0^m,45

Mêmes conditions que pour les voitures à quatre roues en ce qui concerne les essieux, l'enrayage, l'éclairage, etc.

POLICE DU ROULAGE.

TABLEAU SYNOPTIQUE

DE

LA JURISPRUDENCE ET DES CONTRAVENTIONS.

LÉGISLATION ET CONTRAVENTIONS.

Abandon.

Voir *Stationnement*...

Abrogation.

Sont abrogés : La Loi du 29 floréal an X (19 mai 1802), sur la police du roulage
La Loi du 7 ventôse an XII (27 février 1804).
Le décret du 23 juin 1806.
Les ordonnances du 23 décembre 1816 et 16 juillet 1828......

Affichage.

Dans le lieu le plus apparent des bureaux et des relais, à la diligence des entrepreneurs, seront constamment placardés les art. 16 à 38 du décret du 10 août 1852
Seront également affichés dans chaque compartiment des voitures de messageries, les articles de 28 à 38 du même décret, qui comprennent notamment :
Art. 28. L'obligation d'éclairer.
— 29. L'indication à l'extérieur du nombre de places dans chaque compartiment.
— 30. Le numéro et le prix de la place du lieu du départ à celui d'arrivée.
— 31. L'obligation d'inscrire les voyageurs et marchandises.
— 34. La police relative aux conducteurs et postillons, qui ne peuvent quitter en
même temps la voiture et doivent s'assurer que les portières
sont fermées.
— 37. L'obligation au relayeur de se trouver ou d'être représenté à l'arrivée
et au départ.
— 38. L'interdiction de tout postillon âgé de moins de 16 ans.

Affirmation.

Les procès-verbaux doivent être affirmés dans les *trois jours*, à peine de *nullité*.
La loi du 17 juillet 1856 dispense la gendarmerie de faire affirmer les procès-verbaux. — Voir *Droit de verbaliser*...

Amendes.

Lorsque le procès-verbal constatant le délit ou la contravention a été dressé par l'un des agents désignés au paragraphe Ier de l'art. 15 de la loi du 31 mai 1851 (1), le tiers de l'*amende* prononcée appartient audit agent, à moins qu'il ne s'agisse d'une contravention ou d'un délit prévu aux art. 10 et 11 (2). — Voir *Droit de verbaliser*....

(1) Les agents et employés des ponts et chaussées ou des chemins vicinaux, ceux des contributions indirectes, des douanes, des forêts ou des poids et mesures, ceux des octrois, les gendarmes et gardes champêtres.
(2) Défaut de s'arrêter. — Outrages.

COMPÉTENCE.	LOI DU 30 MAI 1851.	DÉCRET DU 10 AOUT 1852.	ART. DIVERS.	PEINES.
ple police.........	Art. 5.	Art. 10.	C. P., art. 463.	6 à 10f d'amende, 1 à 3 jours de prison; 15f et 5 jours en réci-dive.
....	Art. 29.			
....	....	Art. 45.		
ple police.........	....	Art. 42.	C. P., art. 475, no 4; art. 463.	6 à 10f d'amende.
....	Art. 18.			
....	....	....	17 juillet 1856	
....	Art. 15, § 1er; Art. 28.			

LÉGISLATION ET CONTRAVENTIONS.

Les deux autres tiers sont attribués soit au trésor public, soit au départeme soit aux communes intéressées, selon que la contravention ou le dommage c cerne une route nationale, une route départementale ou un chemin vicinal grande communication. Il en est de même du total des frais de réparation rég en vertu de l'art. 9, ainsi que du total de l'*amende*, lorsqu'il n'y a pas d'appliquer les dispositions du paragraphe Ier du présent article. — Voir P cription...

Attelage.

Voir *Chevaux. — Conducteur.*

Bâche.

La bâche ne peut déborder les montants ni la hauteur de la traverse. I défendu d'attacher aucun objet en dehors de ladite bâche................

Ballots.

Voir *Paquets.*

Bandes de roues.

Voyez *Saillie des moyeux*, à l'égard de laquelle il est accordé une tolérance deux centimètres pour les roues ayant déjà fait un certain service. — Voir *Jan — Liberté de largeur. — Clous*..

Banquettes des voitures publiques.

Leur largeur doit être de.............................	45	centimè
Distance entre deux banquettes........................	45	—
Entre la banquette et le devant du coupé................	35	—
Hauteur des banquettes, y compris le coussin............	40	—

Pour les voitures parcourant moins de vingt kilomètres et pour les banquett plus de trois places, la largeur moyenne des places pourra être réduite à quar centimètres (0^m,40).

Il peut être placé sur l'impériale une banquette pour le conducteur et deux vc geurs, ou pour trois voyageurs, *si le conducteur est sur le siège avec le postillon* Hauteur de cette banquette, y compris le coussin.......... 30 centimè Capote flexible, sans paquet dessus. — Voyez *Bâche.*

Barrières de dégel.

Le ministre des travaux publics détermine les départements dans lesquel pourra être établi, sur les routes nationales et départementales, des barri pour restreindre la circulation pendant les temps de dégel. — Les préf dans chaque département, déterminent les chemins de grande communica sur lesquels ces barrières pourront être établies. Ces barrières seront ferm

COMPÉTENCE.	LOI DU 30 MAI 1851.	DÉCRET DU 10 AOUT 1852.	ART. DIVERS.	PEINES.
....	Art. 28.			
..lice correctionnelle..	Art. 6; art. 2, § 3.	Art. 22, § 5.	C.P., art. 463.	16 à 200f d'amende, 6 à 10 jours de prison.
....	Art. 1er.	Art. 1, § 2.		
..lice correctionnelle..	Art. 6.	Art. 23.	C.P., art. 463.	16 à 200f d'amende, 6 à 10 jours de prison.
..lice correctionnelle..	Art. 6.	Art. 24.	C.P., art. 463.	16 à 200f d'amende, 6 à 10 jours de prison.
..onseil de préfecture..	Art. 2, § 2, n° 6; art. 4.	Art. 7.	....	5 à 30f d'amende.

LÉGISLATION ET CONTRAVENTIONS.

et ouvertes en vertu d'arrêtés du sous-préfet, pris sur l'avis de l'ingénieur d'arro
dissement ou de l'agent voyer. Ces arrêtés seront affichés et publiés à la diligen
des maires. Dès que la fermeture des barrières aura été ordonnée, aucune voitu
ne pourra sortir de la ville, du bourg ou du village dans lequel elle se trouver
Toutefois, les voitures qui seront déjà en marche pourront continuer leur rou
jusqu'au gîte le plus voisin, où elles seront tenues de rester jusqu'à l'ouvertu
des barrières. Pour n'être point inquiétés dans leur trajet, les propriétaires
conducteurs de ces voitures prendront un laisser-passer du maire. Le jour de l'o
verture des barrières et le lendemain, les voitures ne pourront partir du lieu
elles auront été retenues que deux à la fois et à un qu'art d'heure d'intervalle.
maire ou son délégué présidera au départ, qui aura lieu dans l'ordre suivant lequ
les voitures se seront fait inscrire à leur arrivée dans la commune. Le service d
barrières sera fait par des agents désignés à cet effet par les ingénieurs ou par
agents voyers. Toute voiture prise en contravention aux dispositions du prése
article sera arrêtée, et les chevaux seront mis en fourrière dans l'auberge la pl
rapprochée, le tout sans préjudice de l'amende stipulée à l'art. 4, titre II de la
du 30 mai 1851, et des frais de réparation mentionnés dans l'art. 9 de ladite loi

Peuvent circuler pendant la fermeture des barrières de dégel : 1° Les courri
de la malle; 2° les voitures de voyage suspendues, étrangères à toute entrepri
publique de messageries; 3° les voitures non chargées; 4° sur les chaussées p
vées, les voitures chargées, mais attelées seulement d'un cheval si elles son
deux roues, et de deux chevaux si elles sont à quatre roues; 5° sur les chaussé
empierrées, les voitures chargées, mais attelées seulement de deux chevaux
elles sont à deux roues, et de trois chevaux si elles sont à quatre roues.

Blocs de pierre.

Voir *Poids* ....

Caisse.

Le coupé et l'intérieur auront une portière de chaque côté. La caisse de derriè
ou la rotonde, peut n'avoir qu'une portière. — Chaque portière sera garnie d'
marchepied..

Caution.

Toutes les fois que le contrevenant n'est pas domicilié en France, la voiture
provisoirement retenue, et le procès-verbal est immédiatement porté à la conn
sance du maire de la commune où il a été dressé ou de la commune la pl
proche sur la route que suit le prévenu....................................

Le maire arbitre provisoirement le montant de l'amende et, s'il y a lieu,

COMPÉTENCE.	LOI DU 30 MAI 1851.	DÉCRET DU 10 AOUT 1852.	ART. DIVERS.	PEINES.
onseil de préfecture..	Art. 2, § 2, n° 6; art. 4.	Art. 7.	....	5 à 30ᶠ d'amende.
onseil de préfecture..	Art. 4.	Art. 4.	....	5 à 30ᶠ d'amende.
olice correctionnelle..	Art. 6; art. 2, § 3, n° 1.	Art. 25.	C. P., art. 463.	16 à 200ᶠ d'amende, 6 à 10 jours de prison.
....	Art. 20.			

LÉGISLATION ET CONTRAVENTIONS.

frais de réparation, et il en ordonne la consignation immédiate, à moins qu'il ʁ lui soit présenté une *caution* solvable. A défaut de consignation ou de *caution*, voiture est retenue jusqu'à ce qu'il ait été statué sur le procès-verbal.........

Lorsqu'une voiture est dépourvue de plaque et que le propriétaire n'est p connu, il est procédé conformément aux trois premiers paragraphes de l'artic 20 de la loi du 30 mai 1851. Il en est de même dans le cas de procès-verbal dressé raison de l'un des délits prévus à l'art. 8 de ladite loi......................

Il sera procédé de la même manière à l'égard de tout conducteur de voiture ƈ roulage ou de messageries inconnu dans le lieu où il serait pris en contraventio et qui ne serait point régulièrement muni d'un passeport, d'un livret, ou d'u feuille de route, à moins qu'il ne justifie que la voiture appartient à une entr prise de roulage ou de messageries, ou qu'il ne résulte des lettres de voiture ɛ d'autres papiers qu'il aurait en sa possession, que la voiture appartient à cel dont le domicile serait indiqué sur la plaque.............................

Chaîne d'enrayage.

Outre la machine à enrayer, les voitures de Messageries doivent être pourvu d'un sabot et d'une chaîne d'enrayage, que le conducteur placera à chaqu descente rapide (sauf dispense des préfets)..............................

Changement.

Voir *Déclaration*...

Chargement.

Voitures ne servant pas au transport des personnes. La largeur du chargement ne peut excéder 2ᵐ,50............

En sont affranchies les voitures d'agriculture, lorsqu'elles so employées au transport des récoltes de la ferme aux champs et d champs à la ferme et au marché, encore celles autorisées par les préfeʁ

Chevaux.

Il ne peut être attelé : 1° *Aux voitures servant au transport des marchandise* Plus de cinq chevaux si elles sont à deux roues;

Plus de huit chevaux si elles sont à quatre roues. — Sans qu'il puisse y avʋ plus de cinq chevaux de file.

2° *Aux voitures servant au transport des personnes :*

Plus de trois chevaux si elle sont à deux roues ;

Plus de six chevaux si elles sont à quatre roues........................

Excepté : 1° sur les parties de routes ou chemins de grande communicatiʋ déterminés par des poteaux portant cette inscription : *Chevaux de renfort*.....

COMPÉTENCE.	LOI DU 30 MAI 1851.	DÉCRET DU 10 AOUT 1852.	ART. DIVERS.	PEINES.
. . . .	Art. 20.			
. . . .	Art. 21.			
. . . .	Art. 21.			
e correctionnelle..	Art. 6; art. 2, § 3, n° 2.	Art. 27, § 2.	C. P., art. 463.	16 à 200f d'amende, 6 à 10 jours de prison.
. . . .	. . . .	Art. 17, § 3.		
seil de préfecture..	Art. 4; art. 2, § 2, n° 1.	Art. 11.	. . . .	5 à 30f d'amende.
seil de préfecture..	Art. 4; art. 2, § 1, n° 5.	Art. 3, §1 et 2; art. 5.	. . . .	5 à 30f d'amende.
seil de préfecture..	Art. 4; art. 2, § 1, n° 5.	Art. 3, §1 et 2.	. . . .	5 à 30f d'amende.

3

LÉGISLATION ET CONTRAVENTIONS.

2° En temps de neige ou de verglas, les prescriptions relatives au nombre chevaux demeurent suspendues...............................

3° Pendant la traversée des ponts suspendus, les chevaux seront mis au — Voyez *Exceptions.* — *Conducteurs.* — *Postillons.* — *Voitures.* — *P suspendus*...............................

Clous des bandes.

Pour toutes les voitures.

Il est expressément défendu d'employer, pour les bandes, des clous à de diamant.

Tout clou de bande sera rivé à plat et ne pourra former saillie de plu cinq millimètres...............................

Cocher.

Voir *Postillons.*

Colliers.

Voitures ne servant pas au transport des personnes.

La largeur des colliers des chevaux ou autres bêtes de tra saurait, au point le plus saillant, dépasser 0^m,90........

Compartiments.

Voitures de Messageries.

Doit être inscrit à l'extérieur, dans un endroit apparent, le nombre places de chaque compartiment. De plus, à l'intérieur des compartime

1° Le numéro de chaque place. 2° Le prix de la place depuis le lie départ jusqu'à celui de l'arrivée. — L'entrepreneur ne peut admettre, les compartiments de ses voitures, un plus grand nombre de voyag que celui indiqué sur les panneaux, conformément à l'art. 29 du décre 10 août 1852...............................

Compétence.

Les contraventions sont de la *compétence* des tribunaux de police, à l'excep des cas prévus par les art. 4 et 9 de la loi du 30 mai 1851, qui sont de la com tence des conseils de préfecture; à savoir :...............................

Pour toutes les voitures,

1° Ce qui est relatif aux essieux,

2° Aux bandes des roues,

3° A la forme des clous des bandes,

4° Au nombre des chevaux de l'atte-
      lage,

5° Aux mesures en temps de dégel et
      sur les ponts suspendus;

Pour les voitures ne servant pas transport des personnes,

1° Ce qui concerne la largeur du ch
      gement,

2° La saillie des colliers des cheva

3° Le mode d'enrayage.........

COMPÉTENCE.	LOI DU 30 MAI 1851.	DÉCRET DU 10 AOUT 1852.	ART. DIVERS.	PEINES.
....	....	Art. 6.		
seil de préfecture..	Art. 4 ; art. 2, § 1, n° 6.	Art. 8, § 1.	....	5 à 30f d'amende.
seil de préfecture..	Art. 4 ; art. 2, § 1, n° 3.	Art. 2.	....	5 à 30f d'amende.
seil de préfecture..	Art. 4 ; art. 2, § 2, n° 2.	Art. 12.	....	5 à 30f d'amende.
ice correctionnelle..	Art. 6 ; art. 2, § 3.	Art. 29 et 30.	C.P., art. 463.	16 à 200f d'amende, 6 à 10 jours de prison.
....	Art. 17.			
....	Art. 2, § 1er, n°s 1, 2, 3, 5, 6, et § 2, n°s 1, 2, 3.			

LÉGISLATION ET CONTRAVENTIONS.

Condamnations.

Lorsqu'une même contravention ou un même délit prévu aux art. 4, 7 et 8 d
la loi du 30 mai 1851, a été constaté à plusieurs reprises, il n'est prononcé qu'un
seule condamnation, pourvu qu'il ne se soit pas écoulé plus de vingt-quatre heure
entre la première et la dernière constatation.............................

Ces art. 4, 7 et 8 sont applicables *aux contraventions concernant les essieu:
les bandes des roues, les clous, le dégel et les ponts suspendus; la largeur du char
gement, la saillie des colliers, le mode d'enrayage; la plaque.*

Lorsqu'une même contravention ou un même délit prévu par l'art. 6 a été con
staté à plusieurs reprises pendant le parcours d'un même relais, il n'est prononc
qu'une seule condamnation.................................

Cet art. 6 est applicable *aux délits concernant les voitures comprises au troisièn
paragraphe de l'art. 2 (c'est-à-dire aux voitures de messageries).*

Sauf les exceptions mentionnées au présent article.

Lorsqu'il aura été dressé plusieurs procès-verbaux de contravention, il se
prononcé *autant de condamnations* qu'il y aura eu *de contraventions constatées.*

Conducteurs

ET PRESCRIPTIONS PARTICULIÈRES QUI LES CONCERNENT.

Chevaux, leur nombre.

Il ne peut être attelé *aux voitures de marchandises :*
Plus de cinq chevaux, si elles sont à deux roues,
Plus de huit chevaux, si elles sont à quatre roues,
Sans qu'il puisse y avoir plus de cinq chevaux de file;
Aux voitures servant au transport des personnes :
Plus de trois chevaux, si elles sont à deux roues,
Plus de six chevaux, si elles sont à quatre roues....................

Dommage et réparation.

Lorsque, par la faute, la négligence ou l'imprudence du *conducteu*
une voiture aura causé un dommage quelconque à une route ou à se
dépendances, le conducteur, outre l'amende, sera condamné à la répa
ration. — Voyez *Dégradations*.................

Obéis- sance.

Tout voiturier ou *conducteur* doit s'arrêter lorsqu'il en est sommé pa
l'un des fonctionnaires ou agents chargés de constater les contravention
— Voyez *Droit de verbaliser.* — *Outrages.* — *Sommation de s'arrêter...*

Plaque.

Tout propriétaire d'une voiture circulant sur des voies publiques san
qu'elle soit munie de la plaque prescrite par l'art. 3 de la loi du 30 mai 185
et par les règlements rendus en exécution de l'art. 2 (position et dimensio

COMPÉTENCE.	LOI DU 30 MAI 1851.	DÉCRET DU 10 AOUT 1852.	ART. DIVERS.	PEINES.
....	Art. 12, § 1.			
....	Art. 12, § 2.			
....	Art. 12, § 3.			
seil de préfecture..	Art. 4 ; art. 2, § 2, n° 5.	Art. 3.	....	5 à 30f d'amende.
seil de préfecture..	Art. 9.	Art. 7, § 7.	....	3 à 50f d'amende.
ice correctionnelle..	Art. 10.	....	C.P., art. 463.	16 à 100f d'amende.

LÉGISLATION ET CONTRAVENTIONS.

Plaque.

de la plaque), sera puni d'une amende de 6 à 15 fr., et le conducteur sera puni d'une amende de 1 à 5 fr. (Double condamnation.) . . . .

Tout propriétaire ou *conducteur* ayant fait usage d'une plaque portant un faux nom ou domicile, sera puni d'une amende de 50 à 200 fr. et d'un emprisonnement de 6 jours à 6 mois. *Même peine* pour le conducteur d'une voiture dépourvue de plaque et qui aurait fait une fausse déclaration . . . .

Police.

Prendre sa droite et céder la moitié de la chaussée.

Tout roulier ou conducteur de voiture doit se ranger sa *droite* à l'approche de toute autre voiture, de manière à lui laisser libre *au moins la moitié de la chaussée* . . . .

Abandon de la voiture.

Dans les haltes, le *conducteur* et le postillon ne peuvent quitter en même temps la voiture tant qu'elle reste attelée . . . .

Portières fermées.

Avant de remonter sur son siége, le *conducteur* doit s'assurer que les portières sont exactement fermées. — Voyez encore *Constatations et contraventions* . . . .

Obligation de se tenir à portée.

Tout voiturier ou *conducteur* doit se tenir constamment à portée de ses chevaux ou bêtes de trait, et en position de les guider . . . .

Nombre des voitures pour un conducteur.

Il est interdit de faire mener par un seul roulier ou *conducteur* : Plus de quatre voitures à un cheval, si elles sont à quatre roues; Plus de trois voitures à un cheval, si elles sont à deux roues. Chaque voiture attelée de plus d'un cheval doit avoir un *conducteur*. Toutefois, une voiture dont le cheval est attaché derrière une voiture attelée de quatre chevaux au plus, n'a pas besoin d'un conducteur . . . .

Conseil d'État.

Voir *Procédure*.

Consignation.

Voir *Caution. — Fourrière*.

Constatations et contraventions.

Voir *Droit de verbaliser* . . . .

Les contraventions prévues par les art. 4 et 6 de la loi du 30 mai 1851 (les essieux, les bandes, les clous, le nombre de chevaux, la police du dégel et celle des ponts

COMPÉTENCE.	LOI DU 30 MAI 1851.	DÉCRET DU 10 AOUT 1852.	ART. DIVERS.	PEINES.
e police........	Art. 7.	Art. 16.	C. P., art. 463.	6 à 15ᶠ d'amende pour le propriétaire; 1 à 5ᶠ pʳ le conducteur.
correctionnelle..	Art. 8, § 1 et 2.	....	C. P., art. 463.	50 à 200ᶠ d'amende, 6 jours à 6 mois de prison.
le police........	Art. 5 ; art. 2, § 2, nᵒ 5.	Art. 9.	C. P., art. 463.	6 à 10ᶠ d'amende, 1 à 3 jours de prison; 15ᶠ et 5 jours en récidive.
e correctionnelle..	Art. 6 ; art. 2, § 3.	Art. 34.	C. P., art. 463.	16 à 200ᶠ d'amende, 6 à 10 jours de prison.
e correctionnelle..	Art. 6 ; art. 2, § 3.	Art. 34.	C. P., art. 463.	16 à 200ᶠ d'amende, 6 à 10 jours de prison.
le police........	....	Art. 14.		
ole police........	....	Art. 14.		
....	Art. 15.			

LÉGISLATION ET CONTRAVENTIONS.

pour toutes les voitures, et toutes les contraventions relatives aux messagerie ne peuvent, en ce qui concerne les *voitures publiques* allant au trot, être co statées qu'au lieu de départ, d'arrivée, de relais et de stations desdites voitures, aux barrières d'octroi, sauf toutefois celles qui concernent le nombre des voyageu le mode de conduite des voitures, la police des conducteurs, cochers ou postillo et les modes d'enrayage...

Les contraventions prévues par l'art. 4 (voyez ci-dessus la première parenthè et l'art. 9 (dommage à une route), seront jugées par le conseil de préfectur département où le procès-verbal a été dressé...................................

Tous les autres délits et contraventions sont de la compétence des tribunaux.

Convoi.

Lorsque plusieurs voitures marchent à la suite les unes des autres, el doivent être distribuées en convois :

De quatre voitures au plus si elles sont à quatre roues et à un cheval;

De trois, si elles sont à deux roues et à un cheval;

De deux, si l'une d'elles est attelée de plus d'un cheval.

L'intervalle d'un convoi à l'autre ne peut être moindre de 50 mètres....

Voyez *Conducteurs*.

Coupé.

Distance entre la banquette et le devant du coupé, 0^m,35. Il doit y avoir chaque côté une portière garnie d'un marchepied. — Voir *Banquettes* (leur hauteu

Coussin.

Voir *Banquettes*.

Déclaration.

Établissement de messageries. Les entrepreneurs des voitures publiques all à destination fixe, déclareront le siége principal de leur établissement, le nom de leurs voitures, celui des places qu'elles contiennent, le lieu de destination, jours et heures de départ et d'arrivée. Cette déclaration sera faite, dans le dépar ment de la Seine, au préfet de police, et, dans les autres départements, a préfets ou sous-préfets...

Ces formalités ne seront obligatoires pour les entrepreneurs actuels qu renouvellement de leurs voitures, ou lorsqu'ils en modifieront la forme ou contenance. Tout changement aux dispositions arrêtées par suite du prem paragraphe du présent article, donnera lieu à une *déclaration nouvelle*.

Aussitôt après les déclarations faites en vertu des paragraphes 1 et 2 l'art. 17 du décret du 10 août 1852, le préfet ou le sous-préfet ordonne la vis

COMPÉTENCE.	LOI DU 30 MAI 1851.	DÉCRET DU 10 AOUT 1852.	ART. DIVERS.	PEINES.
....	Art. 16			
....	Art. 17.			
ple police........	Art. 2, § 2, n° 4; art. 5.	Art. 13.	C. P., art. 463.	6 à 10ᶠ d'amende, 1 à 3 jours de prison ; 15ᶠ et 5 jours en cas de récidive.
ice correctionnelle..	....	Art. 23 et 25.	C. P., art. 463.	16 à 200ᶠ d'amende, 6 à 10 jours de prison.
lice correctionnelle..	....	Art. 17.	L. du 25 mars 1817, art. 115 et 122.	100 à 1000ᶠ d'amende; 500ᶠ au moins dans le cas de récidive.

LÉGISLATION ET CONTRAVENTIONS.

des voitures, afin de constater si elles sont entièrement conformes à ce qui est prescrit par les articles 19 à 29 inclusivement du même décret, et si elles ne présentent aucun vice de construction qui puisse occasionner des accidents.

Cette visite, qui *pourra être renouvelée* toutes les fois que l'autorité le jugera nécessaire, sera faite, en présence du commissaire de police, par un expert nommé par le préfet ou le sous-préfet. L'entrepreneur a la faculté de nommer, de son côté, un expert pour opérer contradictoirement avec celui de l'Administration. La visite des voitures ne peut être faite qu'à l'un des principaux établissements de l'entreprise; les frais sont à la charge de l'entrepreneur. Le préfet prononce sur le vu du procès-verbal d'expertise et du rapport du commissaire de police. Aucune voiture ne peut être mise en circulation avant la délivrance de l'autorisation du préfet. — Voir *Estampille*........................... ....

Tout propriétaire ou conducteur de voiture qui aura fait usage d'une plaque portant un nom ou domicile faux ou supposé, sera puni d'une amende de cinquante à deux cents francs et d'un emprisonnement de six jours au moins et de six mois au plus..

La même peine sera applicable à celui qui, conduisant une voiture dépourvue de plaque, *aura déclaré* un nom ou domicile autre que le sien ou que celui du propriétaire pour le compte duquel la voiture est conduite.

Les entrepreneurs autres que les maîtres de poste déclareront les lieux de relais et les noms des relayeurs. Ces déclarations seront renouvelées à chaque changement.

Dégel.

Voir *Barrières de dégel*...

Dégradations aux routes.

Lorsque par la faute, la négligence ou l'imprudence du conducteur, une voiture aura causé un dommage quelconque à une route ou à ses dépendances, le conducteur sera condamné à une amende de trois à cinquante francs. Il sera, de plus, condamné aux frais de la *réparation*. Toute voiture prise en contravention aux dispositions de l'art. 7 du règlement administratif du 10 août 1852, sera arrêtée et les chevaux mis en fourrière dans l'auberge la plus rapprochée; le tout sans préjudice de l'amende prévue par l'art. 4 de la loi et des frais de *réparation* mentionnés dans son art. 9..

Délais.

Pour l'affirmation, elle doit être faite par les agents *ayant droit de verbaliser*, dans les trois jours, à *peine de nullité*, devant le juge de paix du canton ou devant

COMPÉTENCE.	LOI DU 30 MAI 1851.	DÉCRET DU 10 AOUT 1852.	ART. DIVERS.	PEINES.
lice correctionnelle..	Art. 6.	Art. 18, d⁰ˢ §.	C.P., art. 463.	16 à 200ᶠ d'amende, 6 à 10 jours de prison.
lice correctionnelle..	Art. 8.	....	C.P., art. 463.	50 à 200ᶠ d'amende, 6 jours à 6 mois de prison.
lice correctionnelle..	Art. 2, § 3, n° 1; art. 6.	Art. 36.	C.P., art. 463.	16 à 200ᶠ d'amende, 6 à 10 jours de prison.
onseil de préfecture..	....	Art. 7.		
onseil de préfecture..	Art. 4 et 9.	Art. 7.	....	3 à 50ᶠ d'amende.

LÉGISLATION ET CONTRAVENTIONS.

le maire de la commune, soit du domicile de l'agent qui a rédigé le procès-verbal soit du lieu où la contravention a été constatée..........................

Voir *Affirmation*. (Les gendarmes en sont dispensés.)...................

Les procès-verbaux doivent être enregistrés en débet dans les trois jours d leur date ou de leur affirmation, à peine de *nullité*.........................

Dans les deux jours de son enregistrement, le procès-verbal sera adressé a sous-préfet de l'arrondissement, qui, dans les deux jours de sa réception, le trans met au préfet s'il s'agit d'une contravention de la compétence du conseil de pré fecture, au procureur de la République s'il s'agit d'une contravention de la com pétence des tribunaux..

S'il s'agit d'une contravention de la compétence du conseil de préfecture, voye *Procédure*.

Distance.

Voir *Banquettes. — Coupé. — Convoi. — Essieux*........................

Dommage.

Voir *Dégradations*...

Droit de verbaliser.

Sont spécialement chargés de constater les contraventions et délits prévus pa la loi du 30 mai 1851 :..

1° Les conducteurs; 2° les agents voyers; 3° les cantonniers; 4° les chefs e autres employés du service des ponts et chaussées ou des chemins vicinaux d grande communication, commissionnés à cet effet; 5° les gendarmes; 6° les garde champêtres; 7° les employés des contributions indirectes; 8° les agents fores tiers ou des douanes; 9° les employés des poids et mesures ayant droit de verbaliser; 10° les employés des octrois ayant droit de verbaliser.

Peuvent également constater les contraventions et les délits prévus par la même loi :

1° Les maires et adjoints; 2° les commissaires et agents assermentés de police 3° les ingénieurs des ponts et chaussés; 4° les officiers et les sous-officiers de gen darmerie; 5° toute personne commissionnée par l'autorité départementale pour la surveillance et l'entretien des voies de communication.

Les dommages prévus à l'art. 9 sont constatés, pour les routes impériales e départementales, par :...

1° Les ingénieurs; 2° les conducteurs et autres employés des ponts et chaussée commissionnés à cet effet;

Et, pour les chemins vicinaux de grande communication, par les agents voyers

COMPÉTENCE.	LOI DU 30 MAI 1851.	DÉCRET DU 10 AOUT 1852.	ART. DIVERS.	PEINES.
....	Art. 18.			
....	....	....	L. du 17 juillet 1856.	
....	Art. 19.			
....	Art. 22.			
ce correctionnelle..	....	Art. 21.		
seil de préfecture..	Art. 9.	Art. 7.	....	3 à 50ᶠ d'amende.
....	Art. 15.			
....	Art. 15.			

LÉGISLATION ET CONTRAVENTIONS.

Sans préjudice du droit réservé à tous les fonctionnaires et agents mentionn
au présent article de dresser procès-verbal du fait de dégradation qui aurait li
en leur présence.

Les procès-verbaux dressés en vertu du présent article font foi jusqu'à preu
contraire.

Éclairage.

Aucune voiture marchant isolément ou en tête d'un convoi ne pourra circu
pendant la nuit sans être pourvue d'un *falot* ou d'une *lanterne* allumée. Ce
disposition pourra être appliquée aux voitures d'agriculture par des arrêtés d
préfets ou des maires ....

Pendant la nuit, les voitures publiques seront éclairées par une *lanterne*
réflecteur, placée à droite et à l'avant de la voiture........................

Voir la note page 82, sur la jurisprudence relative à cette matière.

Élection de domicile.

Le contrevenant est tenu d'élire *domicile* dans le département du lieu où
contravention a été constatée. A défaut d'élection de domicile, toute notificati
lui sera valablement faite au secrétariat de la commune dont le maire aura an
tré l'amende ou les frais de réparation............................

Enrayage.

Toute voiture publique doit être munie d'une machine à enrayer agissant s
les roues de derrière et disposée de manière à pouvoir être manœuvrée de la plu
assignée au conducteur............................

Les voitures doivent être, en outre, pourvues d'un sabot et d'une chaîne d'e
rayage que le conducteur placera à chaque descente rapide.

Les préfets peuvent dispenser de l'emploi de ces appareils les voitures qui p
courent uniquement des pays de plaine.

Enregistrement.

Voir *Délais*. — *Registre*............................

Entrepreneurs de messageries.

Voir *Déclaration*. — *Estampille*. — *Feuille*. — *Registre*. — *Voie des voitu*
— *Exceptions*............................

Essieux.

Les essieux des voitures ne pourront avoir plus de 2m,50 (deux mètres cinqua
centimètres) de longueur, ni dépasser à leurs extrémités le moyeu de plus de 0m,
(six centimètres). La saillie des moyeux, y compris celle de l'essieu, n'excédera p

COMPÉTENCE.	LOI DU 30 MAI 1851.	DÉCRET DU 10 AOUT 1852.	ART. DIVERS.	PEINES.
...mple police........	Art. 5; art. 2, § 2, nos 4 et 5	Art. 15.	C.P., art. 463.	6 à 10f d'amende, 1 à 3 jours de prison.
...lice correctionnelle..	Art. 6; art. 2, § 3.	Art. 28.	C.P., art. 463.	16 à 200f d'amende, 6 à 10 jours de prison.
....	Art. 20, § 4.			
...lice correctionnelle..	Art. 6; art. 2, § 3.	Art. 27.	C.P., art. 463.	16 à 200f d'amende, 6 à 10 jours de prison.
....	Art. 18.	Art. 31.		
....	....	Art. 17.		

LÉGISLATION ET CONTRAVENTIONS.

de plus de $0^m,12$ (douze centimètres) le plan passant par le bord extérieur de bandes. Il est accordé une tolérance de $0^m,02$ (deux centimètres) sur cette saillie pour les roues qui ont déjà fait un certain service......................

La distance entre les axes des deux essieux dans les *voitures publiques* à quatr roues, sera égale au moins à la moitié de la longueur des caisses mesurées à l hauteur de leur ceinture, sans pouvoir néanmoins descendre au-dessous de $1^m,5$ (un mètre cinquante-cinq centimètres)...................................

Les essieux seront en *fer corroyé*, de bonne qualité, et arrêtés à chaque extré mité soit par un écrou assujetti au moyen d'une clavette, soit par une boîte huile fixée par quatre boulons traversant la longueur du moyeu, soit par tou autre système qui serait approuvé par le ministre des travaux publics.........

Estampille.

Avant que les voitures déclarées puissent être mises en circulation (voir *Décla- ration*), il sera apposé sur chacune d'elles, par les préposés de la Régie, un estampille dont le coût, fixé à 2 fr., sera remboursé par les entrepreneurs......

Les estampilles ne pourront être placées sur de nouvelles voitures sans déclaration préalable.

Étrangers.

Voir *Élection de domicile*...

Exceptions.

Sont affranchies de toute réglementation de largeur de chargement, les voiture de l'agriculture servant au transport des récoltes de la ferme aux champs et des champs à la ferme ou au marché...

Sont exceptées des dispositions relatives à la Plaque :

1° Les voitures particulières destinées au transport des personnes, mais étrangère à un service public de messageries ;.................................

2° Les malles-postes ou autres voitures appartenant à l'administration des postes

3° Les voitures d'artillerie, chariots et fourgons appartenant aux départements de la guerre ou de la marine ;

4° Les voitures employées à la culture des terres, au transport des récoltes, à l'exploitation des fermes, qui se rendent de la ferme aux champs ou des champs à la ferme, ou qui servent au transport des objets récoltés du lieu où ils ont été recueillis jusqu'à celui où, pour les conserver ou les manipuler, le cultivateur les dépose ou les rassemble. — *Voir la note page 82, sur la jurisprudence relative à cette matière*...

Les voitures allant au trot ne peuvent être arrêtées et retardées pour la constata-

COMPÉTENCE.	LOI DU 30 MAI 1851.	DÉCRET DU 10 AOUT 1852.	ART. DIVERS.	PEINES.
seil de Préfecture..	Art. 2, § 1er, n° 1; art. 4.	Art. 1er.	....	5 à 30f d'amende.
ce correctionnelle..	Art. 2, § 3; art. 6.	Art. 21.	C. P., art. 463.	16 à 200f d'amende, 6 à 10 jours de prison.
ce correctionnelle..	Art. 2, § 3; art. 6.	Art. 26.	C. P., art. 463.	16 à 200f d'amende, 6 à 10 jours de prison.
ce correctionnelle..	....	Art. 19.	L. du 25 mars 1817, art. 121 et 122.	100 à 1000f d'amende, au moins 500f en cas de récidive.
....	Art. 20, § 4.			
....	Art. 2, § 2.			
....	Art. 3.			

4

LÉGISLATION ET CONTRAVENTIONS.

Exceptions (suite).

tion des contraventions ; *excepté* en ce qui concerne le nombre des voyageurs, mode de conduite des voitures, la police des conducteurs, cochers ou postillons, les modes d'enrayage. . . . .

Sont exceptés de l'affirmation les procès-verbaux des gendarmes. . . . .

Il y a aussi *exception* pour le nombre des chevaux sur les routes ou chemi affectés de rampes d'une déclivité ou d'une longueur exceptionnelle, et en tem de neige ou de verglas. . . . .

En pays de montagnes, les entrepreneurs peuvent être autorisés par les préfe sur l'avis des ingénieurs ou des agents voyers, à employer des largeurs de voi moindres que celles réglées par les deux premiers paragraphes de l'art. 20 (décret du 10 août 1852, mais à la condition que les voies'seront au moins égal à la voie la plus large des voitures en usage dans la contrée. . . . .

Pour les voitures parcourant moins de vingt kilomètres et pour les banquettes plus de trois places, la largeur moyenne des places pourra être réduite à 0^m, (quarante centimètres). . . . .

Les voitures publiques doivent être, en outre, pourvues d'un sabot et d'u chaîne d'enrayage que le conducteur placera à chaque descente rapide. Les préf peuvent dispenser de l'emploi de ces appareils les voitures qui parcourent uniqu ment des pays de plaine. . . . .

Les malles-postes destinées au transport de la correspondance du Gouverneme et du public, ont des règlements particuliers pour la forme, les dimensions, chargement et le mode de conduite de ces voitures. . . . .

Les voitures des entrepreneurs qui transportent les dépêches, ne sont pas con dérées comme malles-postes. . . . .

Expert.

La visite des voitures, prescrite en vertu de l'art. 18 du décret du 10 août 185 sera faite, en présence du commissaire de police, par un *expert* nommé par préfet ou le sous-préfet. L'entrepreneur a la faculté de nommer, de son côté, expert pour opérer contradictoirement avec celui de l'Administration. Les frais's à la charge de l'entrepreneur. — Voir *Déclaration*. . . . .

Feuille.

Chaque entrepreneur inscrit sur un registre, coté et paraphé par le maire, le n des voyageurs qu'il transporte ; il y inscrit également les ballots et paquets dont transport lui est confié. . . . .

Il remet au conducteur, pour lui servir de *feuille de route*, une copie de c

COMPÉTENCE.	LOI DU 30 MAI 1851.	DÉCRET DU 10 AOUT 1852.	ART. DIVERS.	PEINES.
....	Art. 16.	....	Loi du 17 juillet 1856.	
....	....	Art. 3 et 5.		
....	....	Art. 20, § 3.		
....	....	Art. 23, dernier §.		
....	....	Art. 27, dernier §.		
....	....	Art. 40.		
....	....	Art. 40, dernier §.		
ce correctionnelle..	Art. 2, § 3; art. 6.	Art. 18.	C. P., art. 463.	16 à 200ᶠ d'amende, 6 à 10 jours de prison.
ice correctionnelle..	....	Art. 31.	Loi du 25 mars 1817, art. 121 et 122.	100 à 1000ᶠ d'amende, au moins 500ᶠ en cas de récidive.

LÉGISLATION ET CONTRAVENTIONS.

enregistrement, et à chaque voyageur un extrait, en ce qui le concerne, ave
numéro de sa place.

Les conducteurs ne peuvent prendre en route aucun voyageur, ni recevoir au
paquet sans en faire mention sur les feuilles de route qui leur ont été remise
point de départ ....

Fourgons militaires.

Voir *Exceptions* (dispense de plaque)...............................

Fourrière.

Toute voiture prise en contravention aux dispositions de l'art. 7 du décret d
août 1852 sera arrêtée, et les chevaux seront mis en *fourrière* dans l'auberge la
rapprochée; le tout sans préjudice de l'amende stipulée à l'art. 4, titre II de l
du 30 mai 1851, et des frais de réparation mentionnés dans l'art. 9 de ladite

Frais.

Voir *Dégradations. — Expert*......................................

Gardes champêtres. Gendarmes.

Voir *Affirmation. — Amende. — Droit de verbaliser*..................

Halte.

Dans les haltes, le conducteur et le postillon ne peuvent quitter en même te
la voiture tant qu'elle reste attelée.................................

Hauteur.

Le maximum de la hauteur des voitures publiques, depuis le sol jusqu'à la pa
la plus élevée du chargement, est fixée à 3 mètres pour les voitures à quatre rou
et, pour celles à 2 roues, seulement à $2^m,60$. — Voir *Banquettes. — Pavillo*

Impériale.

Il peut être placé sur l'impériale une banquette destinée au conducteur et à d
voyageurs, ou à trois voyageurs lorsque le conducteur se placera sur le mê
siége que le cocher. Cette banquette, dont la hauteur, y compris le coussin
dépassera pas $0^m,30$ (trente centimètres), ne peut être recouverte que d'
capote flexible. — Aucun paquet ne peut être placé sur cette banquette......

Indication fausse.

En cas de fausse indication sur la plaque ou de fausse déclaration de nom ou
domicile, la prescription n'est acquise qu'après cinq années...............

Inscription des Voyageurs et des Ballots.

L'entrepreneur ne peut admettre dans les compartiments de ses voitures un p

COMPÉTENCE.	LOI DU 30 MAI 1851.	DÉCRET DU 10 AOUT 1852.	ART. DIVERS.	PEINES.
ce correctionnelle..	Art. 2, § 3; art. 6.	Art. 32.	C. P., art. 463.	16 à 200f d'amende, 6 à 10 jours de prison.
....	Art. 3.			
seil de préfecture..	Art. 4.	Art. 7.	....	5 à 30f d'amende.
seil de préfecture..	Art. 9.	Art. 7 et 18.		
....	Art. 15.			
ice correctionnelle..	Art. 6.	Art. 34, § 3.	C. P., art. 463.	16 à 200f d'amende, 6 à 10 jours de prison.
ice correctionnelle..	Art. 6.	Art. 22.	C. P., art. 463.	16 à 200f d'amende, 6 à 10 jours de prison.
ice correctionnelle..	Art. 6.	Art. 24.	C. P., art. 463.	16 à 200f d'amende, 6 à 10 jours de prison.
....	Art. 27, § 2.			

LÉGISLATION ET CONTRAVENTIONS.

grand nombre de voyageurs que celui indiqué sur les panneaux, conformément l'art. 29...

Chaque entrepreneur inscrit sur un registre, coté et paraphé par le maire, le no des voyageurs qu'il transporte; il y inscrit également les ballots et paquets dont transport lui est confié...

Intervalle.

Voir *Convoi*...

Jantes.

Voir *Liberté de largeur*..

Jugement.

La procédure devant les tribunaux de police est tracée par le Code d'instructio criminelle; quant aux conseils de préfecture, ils prononcent à l'expiration d trente jours accordés au prévenu, lors même que les moyens de défense n'auraie pas été produits...

Lettre de voiture.

Aux termes de l'art. 101 du Code de commerce, la lettre de voiture forme contrat entre l'expéditeur, le commissionnaire et le voiturier..................

Elle doit être sur papier timbré de trente-cinq centimes.

Liberté de largeur & de poids.

Les voitures suspendues ou non suspendues servant au transport des personn ou des marchandises, peuvent circuler sur les routes nationales, départementale et chemins vicinaux de grande communication, sans aucune condition de régle mentation de poids ou de largeur de jantes. — Voir *Chargement*..............

Malles-postes.

La forme, les dimensions, le chargement et le mode de conduite de ces voitur sont déterminés par des règlements particuliers. — Les voitures des entrepreneu qui transportent les dépêches ne sont pas considérées comme malles-postes.....

Marchepied.

Le coupé et l'intérieur auront une portière de chaque côté. La caisse de derriè ou la rotonde peut n'avoir qu'une portière ouverte à l'arrière. Chaque portière se garnie d'un *marchepied*...

Montants de la traverse.

La bâche qui recouvre le chargement ne peut déborder les montants ni la haute de la traverse...

COMPÉTENCE.	LOI DU 30 MAI 1851.	DÉCRET DU 10 AOUT 1852.	ART. DIVERS.	PEINES.
ce correctionnelle..	Art. 6.	Art. 30, der-nier §.	C.P., art. 463.	16 à 200ᶠ d'amende, 6 à 10 jours de prison.
ce correctionnelle..	....	Art. 31, § 1.	L. du 25 mars 1817, art. 120 et 122.	100 à 1000ᶠ d'amende, au moins 500ᶠ en cas de récidive.
,.................	....	Art. 13, § 2.		
....	Art. 1ᵉʳ.			
....	Art. 24.	....	C. I. C., art. 149 et 186.	
....	....	....	C. de Co., art. 101; Loi 9 vendémiaire an V, art. 56; L. 6 prairial an VII, art. 5; L. 11 juin 1842, art. 6 et 7.	
....	Art. 1ᵉʳ.			
....	....	Art. 40.		
olice correctionnelle..	Art. 2, § 3, n° 1; art. 6.	Art. 25.	C. P., art. 463.	16 à 200ᶠ d'amende, 6 à 10 jours de prison.
olice correctionnelle..	Art. 2, § 3, n° 2; art. 6.	Art. 22, § 5.	C. P., art. 463.	16 à 200ᶠ d'amende, 6 à 10 jours de prison.

LÉGISLATION ET CONTRAVENTIONS.

Moyens de défense.

Le prévenu est tenu de produire, dans le délai de trente jours, ses moyens de défense devant le conseil de préfecture..

Moyeux.

Des règlements d'administration publique déterminent la longueur des essieux et le maximum de leur saillie au delà des moyeux.

La saillie des moyeux, y compris celle de l'essieu, n'excédera pas de plus de $0^m,12$ (douze centimètres) le plan passant par le bord extérieur des bandes. Il est accordé une tolérance de $0^m,02$ (deux centimètres) sur cette saillie, pour les roues qui ont déjà fait un certain service..

Neige.

En temps de neige ou de verglas, les prescriptions relatives à la limitation du nombre des chevaux demeurent suspendues..

Nom.

Chaque voiture de Messageries porte à l'extérieur, dans un endroit apparent, le *nom* et le domicile de l'entrepreneur. — Voir *Plaque*.....................

Nombre des Voyageurs.

Chaque voiture porte à l'extérieur, dans un endroit apparent, l'indication du nombre des places de chaque compartiment. — L'entrepreneur ne peut admettre dans les compartiments de ses voitures un plus grand nombre de voyageurs que celui indiqué sur les panneaux, conformément à l'art. 29....................

Notification.

Voir *Procédure*..

Nullité.

Les procès-verbaux rédigés par les agents mentionnés au paragraphe 1er de l'art. 15 de la loi du 30 mai 1851, doivent être affirmés dans les trois jours, à peine de nullité, devant le juge de paix du canton ou devant le maire de la commune, soit du domicile de l'agent qui a verbalisé, soit du lieu où la contravention a été constatée..

Les procès-verbaux doivent être enregistrés en débet dans les trois jours de leur date ou de leur affirmation, à peine de nullité..

Numérotage.

MESSAGERIES. — Chaque voiture porte à l'intérieur des compartiments le numéro de chaque place..

COMPÉTENCE.	LOI DU 30 MAI 1851.	DÉCRET DU 10 AOUT 1852.	ART. DIVERS.	PEINES.
seil de préfecture..	Art. 24.			
seil de préfecture..	Art. 2, § 1, n° 1; art. 4.	Art. 1er, § 2.	....	5 à 30f d'amende.
....	....	Art. 6.		
ce correctionnelle..	Art. 6; art. 2, § 3.	Art. 29.	C. P., art. 463.	16 à 200f d'amende, 6 à 10 jours de prison.
ice correctionnelle..	Art. 6.	Art. 30, § 2.	C. P., art. 463.	16 à 200f d'amende, 6 à 10 jours de prison.
....	Art. 23.			
....	Art. 18.			
....	Art. 19.			
ice correctionnelle..	Art. 6.	Art. 30.	C. P., art. 463.	16 à 200f d'amende, 6 à 10 jours de prison.

LÉGISLATION ET CONTRAVENTIONS.

Objets

D'UN POIDS CONSIDÉRABLE. — Voir *Poids*............................

D'UN GRAND VOLUME. — Voir *Chargement*. — Toutefois, pour la largeur chargement, les préfets des départements traversés peuvent délivrer des per de circulation pour les objets d'un grand volume qui ne seraient pas susceptib d'être chargés dans les conditions du 1er § du même article 11.............

Il est défendu d'attacher aucun objet en dehors de la bâche.............

Aucun objet ne peut être chargé sur la banquette de l'impériale..........

Obligations diverses.

Voir *Affirmation*. — *Chargement*. — *Clous*. — *Colliers*. — *Conducteurs*. *Déclaration*. — *Dégradations*. — *Éclairage*. — *Essieux*. — *Plaque*. — *Postillons*. *Registre*. — *Sommation de s'arrêter*. — *Stationnement*. — *Exceptions*.

Opposition.

Voir *Procédure*..

Outrages.

Les dispositions du livre III, titre Ier, chapitre III, section 4, § 2, du Code pé sont applicables, en cas d'outrages ou de violences envers les fonctionnaires ou age chargés de constater les délits et contraventions prévus par la loi du 30 mai 18

1° A un ou plusieurs magistrats dans l'exercice de ses fonctions, par par de nature à inculper leur honneur ou leur délicatesse;...................

2° Aux mêmes, par gestes ou menaces ;...........................

3° Aux officiers ministériels ou agents de la force publique, par paroles, ges ou menaces;..

4° S'il s'agit d'un commandant de la force publique;...................

5° A un magistrat : *coups et voies de fait*;........................

6° A un officier ministériel, agent de la force publique ou citoyen chargé d ministère de service public : *violences*;...........................

7° S'il y a eu effusion de sang, blessure ou maladie (C. P., art. 227 et 230)

8° Si la mort s'en est suivie dans les quarante jours;..................

9° Les violences avec préméditation ou guet-apens;..................

10° La mort avec intention de la donner..............................

Paquets.

Voir *Objets*...

COMPÉTENCE.	LOI DU 30 MAI 1831.	DÉCRET DU 10 AOUT 1852.	ART. DIVERS.	PEINES.
seil de préfecture..	Art. 4.	Art. 4.	....	5 à 30f d'amende.
seil de préfecture..	Art. 4.	Art. 11, § 1.	....	5 à 30f d'amende.
ice correctionnelle..	Art. 6.	Art. 22, der §.	C. P., art. 463.	16 à 200f d'amende,
ice correctionnelle..	Art. 6.	Art. 24, dor §.		6 à 10 jours de prison.
....	Art. 24 et 25.			
....	Art. 11.	....	C. P., art. 463 pour tous les cas.	
ice correctionnelle..	....	....	C. P., art. 222.	1 m. à 2 ans de prison.
Id.	....	....	C. P., art. 223.	1 à 6 mois de prison.
Id.	....	....	C. P., art. 224.	16 à 200f d'amende.
Id.	....	....	C. P., art. 225.	6 j. à 1 m. de prison.
Id.	....	....	C. P., art. 230.	1 à 6 mois de prison.
Id.	....	....	C. P., art. 229.	Éloignement de résidence.
ur d'assises........	....	....	C. P., art. 231.	La réclusion.
Id.	....	....	C. P., art. 231.	Les travaux forcés à perpétuité.
Id.	....	....	C. P., art. 232.	La réclusion.
Id.	....	....	C. P., art. 233.	La mort.
....	....	Art. 4, 11, 22 et 24.		

LÉGISLATION ET CONTRAVENTIONS.

Pavillon.

La hauteur du pavillon au-dessus du fond de la voiture, doit être d'un mètre quarante centimètres (1^m,40). C'est la mesure au maximum..................

Peines.

Les dispositions de l'art. 463 du Code pénal sont applicables dans tous les cas où les tribunaux correctionnels ou de simple police prononcent en vertu de la loi du 30 mai 1851......................................

Péremption.

L'instance à raison des contraventions de la compétence des conseils de préfecture, est périmée par six mois, à compter de la date du dernier acte des poursuites, et l'action publique est éteinte, à moins de fausses indications sur la plaque, ou de fausse déclaration en cas d'absence de plaque. — Voir *Prescription*..........

Pierres (blocs de).

Voir *Poids*....................................

Placards.

Voir *Affichage*....................................

Places.

Chaque voiture de Messageries porte à l'extérieur, dans un endroit apparent, indépendamment de l'estampille délivrée par l'administration des contributions indirectes, le nom et le domicile de l'entrepreneur, et l'indication du nombre des places de chaque compartiment....................................

Elle porte à l'intérieur des compartiments : 1° le numéro de chaque place; 2° le prix de la place depuis le lieu du départ jusqu'à celui de l'arrivée. L'entrepreneur ne peut admettre dans les compartiments de ses voitures un plus grand nombre de voyageurs que celui indiqué sur les panneaux. — Voir *Prix*................

Plaque.

Toute voiture circulant sur les routes nationales, départementales et chemins vicinaux de grande communication, doit être munie d'une plaque conforme au modèle prescrit par le règlement d'administration publique, rendu en vertu du n° 4 du premier paragraphe de l'art. 2 de la loi du 30 mai 1851. — Voir *Exceptions*. — *Voir aussi la note page 82, sur la jurisprudence relative à cette matière.*

Tout propriétaire d'une voiture circulant sur des voies publiques sans qu'elle soit munie de la plaque prescrite par l'art. 3 et par les règlements rendus en

COMPÉTENCE.	LOI DU 30 MAI 1851.	DÉCRET DU 10 AOUT 1852.	ART. DIVERS.	PEINES.
ice correctionnelle..	Art. 2, § 3; art. 6.	Art. 23.	C. P., art. 463.	16 à 200ᶠ d'amende, 6 à 10 jours de prison.
ice..............	Art. 14.	....	C. P., art. 463.	Faculté de faire descendre les peines.
....	Art. 26.			
....	Art. 4.	Art. 4.		
mple police........	....	Art. 16 à 38 et 42.	C. P., art. 475, n° 4, et 463.	1 à 5ᶠ d'amende.
lice correctionnelle..	Art. 2, § 3, n° 3; art. 6.	Art. 29.	C. P , art. 463.	16 à 200ᶠ d'amende, 6 à 10 jours de prison.
lice correctionnelle..	Art. 6.	Art. 30.	C. P., art. 463.	16 à 200ᶠ d'amende, 6 à 10 jours de prison.

LÉGISLATION ET CONTRAVENTIONS.

exécution du numéro 4 du premier paragraphe de l'art. 2, sera puni d'une amend
de six à quinze francs, et le conducteur d'une amende de un à cinq francs.....

Tout propriétaire ou conducteur de voiture qui aura fait usage d'une plaqu
portant un nom ou domicile faux ou supposé, sera puni d'une amende de cinquant
à deux cents francs, et d'un emprisonnement de six jours au moins et de six moi
au plus. — La même peine sera applicable à celui qui, conduisant une voitur
dépourvue de plaque, aura déclaré un nom ou domicile autre que le sien ou qu
celui du propriétaire pour le compte duquel la voiture est conduite...........

Tout propriétaire de voiture ne servant pas au transport des personnes, est ten
de faire placer, en avant des roues et au côté gauche de sa voiture, une plaqu
métallique portant, en caractères apparents et lisibles, ayant au moins ($0^m,005$
cinq millimètres de hauteur, ses nom, prénoms et profession, le nom de la com
mune, du canton et du département de son domicile......................

En cas de fausse indication sur la plaque, la prescription n'est acquise qu'aprè
cinq années...

Poids.

Les voitures suspendues ou non suspendues servant au transport des personne
ou des marchandises, peuvent circuler sur les routes nationales, départementale
et chemins vicinaux de grande communication, sans aucune condition de règle-
mentation de poids ou de largeur de jantes................................

Lorsqu'il y aura lieu de transporter des blocs de pierres, des locomotives o
d'autres objets d'un poids considérable, l'emploi d'un attelage exceptionne
pourra être autorisé, sur l'avis des ingénieurs ou des agents voyers, par les préfet
des départements traversés...

Ponts suspendus.

Pendant la traversée des ponts suspendus, les chevaux seront mis au pas; le
voituriers ou rouliers tiendront les guides ou le cordeau; les conducteurs et postillons resteront sur leurs siéges. Défense est faite aux rouliers et autres voituriers d
dételer aucun de leurs chevaux pour le passage du pont. Toute voiture attelée d
plus de cinq chevaux ne doit pas s'engager sur le tablier d'une travée quand il y
déjà sur cette travée une voiture d'un attelage supérieur à ce nombre de chevaux
Pour les ponts suspendus qui n'offriraient pas toutes les garanties nécessaire
pour le passage des voitures lourdement chargées, il pourra être adopté, par l
ministre des travaux publics ou par le ministre de l'intérieur, chacûn en ce qu
le concerne, telles autres dispositions qui seront jugées nécessaires. Dans de
circonstances urgentes, les préfets et les maires pourront prendre telles mesure

COMPÉTENCE.	LOI DU 30 MAI 1851.	DÉCRET DU 10 AOUT 1852.	ART. DIVERS.	PEINES.
ole police........	Art. 3, 7, 20 et 21.	Art. 16.	C.P., art. 463.	6 à 15ᶠ d'amende pour le propriétaire, 1 à 5ᶠ pʳ le conducteur.
ce correctionnelle..	Art. 8.	....	C. P., art. 463.	50 à 200ᶠ d'amende, 6 jours à 6 mois de prison.
ce correctionnelle..	Art. 7.	Art. 16.	C.P., art. 463.	6 à 15ᶠ d'amende pour le propriétaire, 1 à 5ᶠ pʳ le conducteur.
....	Art. 27, § 2.			
....	Art. 1ᵉʳ.			
aseil de préfecture..	Art. 4.	Art. 4.	....	5 à 30ᶠ d'amende.

LÉGISLATION ET CONTRAVENTIONS.

que leur paraîtra commander la sûreté publique, sauf à en rendre compte à l'Autorité supérieure. Les mesures prescrites pour la protection des ponts suspendus seront, dans tous les cas, placardées à l'entrée et à la sortie de ces ponts......

Ces dispositions viennent confirmer les instructions ministérielles des 19 septembre 1851 et 15 mars 1852.

Portières.

Le coupé et l'intérieur auront une portière de chaque côté. La caisse de derrière ou la rotonde peut n'avoir qu'une portière ouverte à l'arrière. Chaque portière sera garnie d'un marchepied...

Postes.

POSTE AUX CHEVAUX. — Les maîtres de poste ont droit à une indemnité de 2 centimes par cheval et par poste, qu'est obligé de leur payer tout entrepreneur de voitures publiques qui ne se sert pas de leurs relais.........................

POSTE AUX LETTRES. — Défense est faite aux entrepreneurs de voiture de s'immiscer dans le transport des lettres...................................

Postillons.

Toute voiture publique dont l'attelage ne présentera de front que deux rangs de chevaux pourra être conduite par un seul postillon ou un seul cocher. Elle devra être conduite par deux postillons ou par un cocher et un postillon, lorsque l'attelage comportera plus de deux rangs de chevaux........................

Les postillons ou cochers ne pourront, sous aucun prétexte, descendre de leurs chevaux ou de leurs siéges. Il leur est enjoint d'observer, dans les traversées des villes et des villages, les règlements de police concernant la circulation dans les rues. Dans les haltes, le conducteur et le postillon ne peuvent quitter en même temps la voiture tant qu'elle reste attelée. Avant de remonter sur son siége, conducteur doit s'assurer que les portières sont exactement fermées..........

Lorsque, contrairement à l'art. 9 du décret du 10 août 1852, un roulier ou conducteur de voiture n'aura pas cédé la moitié de la chaussée à une voiture publique, le conducteur ou postillon qui aurait à se plaindre de cette contravention, devra faire la déclaration à l'officier de police du lieu le plus rapproché, en faisant connaître le nom du voiturier d'après la plaque de sa voiture. Les procès-verbaux de contravention seront, sur-le-champ, transmis au procureur de la République, qui fera poursuivre les délinquants.........................

Nul ne peut être admis comme postillon ou cocher, s'il n'est âgé de seize ans au moins et porteur d'un livret délivré par le maire de la commune de son domi-

COMPÉTENCE.	LOI DU 30 MAI 1851.	DÉCRET DU 10 AOUT 1852.	ART. DIVERS.	PEINES.
...seil de préfecture..	Art. 2, § 1, n° 6; art. 4.	Art. 8.	....	5 à 30ᶠ d'amende.
...ice correctionnelle..	Art. 2, § 3, n° 1; art. 6.	Art. 25.	C. P., art. 463.	16 à 200ᶠ d'amende. 6 à 10 jours de prison.
...ice correctionnelle..	....	....	L. 15 ventôse an XIII; Ord. 12 septembre 1842	150 à 300ᶠ d'amende.
...ice correctionnelle..	....	....	Arrêté du 16 juin 1801.	150 à 300ᶠ d'amende.
...lice correctionnelle..	Art. 2, § 3, n° 5; art. 6.	Art. 33.	C.P., art. 463.	16 à 200ᶠ d'amende, 6 à 10 jours de prison.
...lice correctionnelle..	Art. 2, § 3, n° 5; art. 6.	Art. 34.	C.P., art. 463.	16 à 200ᶠ d'amende, 6 à 10 jours de prison.
...olice correctionnelle..	Art. 2, § 3, n° 5; art. 6.	Art. 35.	C.P., art. 463.	16 à 200ᶠ d'amende, 6 à 10 jours de prison.

5

LÉGISLATION ET CONTRAVENTIONS.

cile, attestant ses bonnes vie et mœurs et son aptitude pour le métier qu'il veu
exercer..

A chaque bureau de départ et d'arrivée, et à chaque relais, il y a un registr
coté et paraphé par le maire, pour l'inscription des plaintes que les voyageur
peuvent avoir à former contre les conducteurs, postillons ou cochers. Ce registr
est présenté aux voyageurs à toute réquisition, par le chef du bureau ou par l
relayeur. Les maîtres de poste qui conduisent des voitures publiques présenten
aux voyageurs qui le requièrent, le registre qu'ils sont obligés de tenir d'après l
règlement des postes..

Poteaux.

Les limites des parties de routes ou de chemins sur lesquelles l'emploi de chevau
de renfort est autorisé sont déterminées par un arrêté du préfet, sur la propositio
de l'ingénieur en chef ou de l'agent voyer en chef du département, et indiquée
sur place par des poteaux portant cette inscription : *Chevaux de renfort.* Pour le
voitures marchant avec relais réguliers et servant au transport des personnes o
des marchandises, la faculté d'atteler des chevaux de renfort s'étend à toute l
longueur des relais dans lesquels sont placés les poteaux. L'emploi de chevaux d
renfort peut être autorisé temporairement sur les parties de routes ou de chemin
de grande communication, lorsque, par suite de travaux de réparation ou d'autre
circonstances accidentelles, cette mesure sera nécessaire. Dans ce cas, le préf
fera placer des poteaux provisoires..

Pourvoi.

Voir *Procédure*..

Prescription.

Compétence du conseil de préfecture. — Voir *Péremption.*

Les amendes se prescrivent par une année, à compter de la date de l'arrêté d
conseil de préfecture, ou à compter de la décision du conseil d'État, si le pourvo
a eu lieu. En ce qui concerne les tribunaux de police, il faut se reporter au
art. 639 et 640 du Code d'instruction criminelle........................

Devant la juridiction administrative la prescription pour la poursuite est d
6 mois, tandis qu'elle s'étend à un an devant les tribunaux de police...........

En cas de fausses indications sur la plaque ou de fausses déclarations de nom ou
de domicile, la prescription n'est acquise qu'après cinq années...............

COMPÉTENCE.	LOI DU 30 MAI 1851.	DÉCRET DU 10 AOUT 1852.	ART. DIVERS.	PEINES.
ice correctionnelle..	Art. 6.	Art. 38.	C.P., art. 463.	16 à 200f d'amende, 6 à 10 jours de prison.
ice correctionnelle..	Art. 2, § 3, no 4; art. 6.	Art. 39.	C.P., art. 463.	16 à 200f d'amende, 6 à 10 jours de prison.
onseil de préfecture..	Art. 4.	Art. 5.	....	5 à 30f d'amende.
onseil d'État........	Art. 25.			
lonseil de préfecture..	Art. 27, § 1.	....	C. I. C., art. 639 et 640.	
lonseil de préfecture..	Art. 26.			
Conseil de préfecture..	Art. 27, § 2.			

LÉGISLATION ET CONTRAVENTIONS.

Préfets.

Résumé de leur action en cette matière :

1º Ils reçoivent les déclarations de voitures de messageries................

2º Ils nomment l'expert chargé de visiter les voitures publiques.............

3º Ils autorisent la circulation de la voiture expertisée.....................

4º Ils déterminent les rampes déclives...................................

5º Ils réglementent l'enrayage...

6º Ils ordonnent les mesures de sûreté pour la traversée des ponts suspendus...

7º Ils délivrent les permis de circuler pour les chargements exceptionnels.....

8º Ils arrêtent l'éclairage des voitures de l'agriculture......................

9º Ils ordonnent les barrières de dégel pour les chemins de grande communication.

Prix.

Chaque voiture de Messageries porte, à l'intérieur des compartiments, le prix des places depuis le lieu du départ jusqu'à celui de l'arrivée.....................

Le prix de l'estampille exigée par la loi du 25 mars 1817 pour les voitures publiques est fixé à 2 fr., de même que la contribution indirecte à payer par l'entrepreneur d'un service régulier est du *dixième* du prix des places (ainsi réglé par la loi sus-relatée), après toutefois remise d'un tiers pour places vides (modification de la loi du 17 juillet 1819).....................................

Procédure.

Les procès-verbaux dressés par les agents ayant droit de verbaliser (voir *Droit de verbaliser*) font foi jusqu'à preuve contraire ; ils doivent être, à peine de nullité, enregistrés et affirmés dans les trois jours ; à l'exception de ceux rédigés par la gendarmerie, qui en sont exempts par la loi du 17 juillet 1856................

Envoi de ces procès-verbaux au sous-préfet dans le délai déterminé, et qui les adresse à la préfecture ou au parquet, soit qu'il s'agisse de procédure administrative ou criminelle, selon la nature de la contravention. Cette compétence est définie tant par l'art. 17 que par les art. 4 et 9 de la loi du 30 mai 1851 ; ces derniers seuls sont du ressort du conseil de préfecture du département où le procès-verbal a été dressé, et comprennent les contraventions aux dispositions de l'art. 2, § 1, nº 1, 2, 3, 5 et 6, et au même article, § 2, nº 1, 2 et 3, à savoir : *pour toutes les voitures*, en ce qui concerne les essieux, leur forme, longueur et saillie ; la forme des bandes et des clous ; le nombre des chevaux de l'attelage ; les mesures de police en temps de dégel ou sur les ponts suspendus ; — *pour les voitures ne servant pas au transport des personnes*, la largeur du chargement, la saillie des colliers et le mode d'enrayage..................................

COMPÉTENCE.	LOI DU 30 MAI 1851.	DÉCRET DU 10 AOUT 1852.	ART. DIVERS.	PEINES.
....	....	Art. 17.		
....	....	Art. 18, § 1.		
....	....	Art. 18, § 4 et 5.		
....	....	Art. 5.		
....	....	Art. 27, d^{er} §.		
....	....	Art. 8, § 5.		
....	....	Art. 4.		
....	....	Art. 15, § 2.		
....	....	Art. 7, § 2.		
ce correctionnelle..	Art. 2, § 3; art. 6.	Art. 30.	C. P., art. 463.	16 à 200f d'amende, 6 à 10 jours de prison.
....	....	....	L. des 25 mars 1817 et 17 juillet 1819.	
....	Art. 15, d^{er} §; art. 19.	....	L. du 17 juillet 1856.	
seil de préfecture..	Art. 4 et 22.	Art. 1, 2, 3, 4, 5, 6, 7 et 8.	....	5 à 30f d'amende.

LÉGISLATION ET CONTRAVENTIONS.

Procédure (suite).

Toutes les fois que le contrevenant n'est pas domicilié en France, la voiture provisoirement retenue, et le procès-verbal est immédiatement porté à la c. naissance du maire de la commune où il a été dressé, ou de la commune la p proche sur la route que suit le prévenu. . . . .

Le maire arbitre provisoirement le montant de l'amende, et, s'il y a lieu, frais de réparation, et il en ordonne la consignation immédiate, à moins qu'il lui soit présenté une caution solvable.

A défaut de consignation ou de caution, la voiture est retenue jusqu'à ce q ait été statué sur le procès-verbal. Les frais qui en résultent sont à la charge propriétaire.

Le contrevenant est tenu d'élire domicile dans le département du lieu où la c travention a été constatée. A défaut d'élection de domicile, toute notification sera valablement faite au secrétariat de la commune dont le maire aura arb l'amende ou les frais de réparation.

Lorsqu'une voiture est dépourvue de plaque et que le propriétaire n'est connu, il est procédé conformément aux trois premiers paragraphes de l'art 20 de la loi du 30 mai 1851. . . . .

Il en est de même dans le cas de procès-verbal dressé à raison de l'un des d prévus à l'art. 8 (faux nom).

Il sera procédé de la même manière à l'égard de tout conducteur de voitur roulage ou de messageries inconnu dans le lieu où il serait pris en contraventi et qui ne serait point régulièrement muni d'un passeport, d'un livret ou d' feuille de route, à moins qu'il ne justifie que la voiture appartient à une entrep de roulage ou de messageries, ou qu'il ne résulte des lettres de voiture ou autres papiers qu'il aurait en sa possession, que la voiture appartient à celui c le domicile serait indiqué sur la plaque.

S'il s'agit d'une contravention de la compétence du conseil de préfecture, c du procès-verbal, ainsi que de l'affirmation, quand elle est prescrite, est noti avec citation, par la voie administrative, au domicile du propriétaire, tel qu'il indiqué sur la plaque, ou tel qu'il a été déclaré par le contrevenant, et, quand a lieu, à celui du conducteur. . . . .

Cette notification a lieu dans le mois de l'enregistrement, à peine de déchéan

Le délai est étendu à deux mois, lorsque le contrevenant n'est pas domicilié d le département où la contravention a été constatée; il est étendu à un an, lors le domicile du contrevenant n'a pas pu être constaté au moment du procès-verb

Si le domicile du conducteur est resté inconnu, toute notification qui lui est f au domicile du propriétaire est valable.

COMPÉTENCE.	LOI DU 30 MAI 1851.	DÉCRET DU 10 AOUT 1852.	ART. DIVERS.	PEINES.
....	Art. 20.			
....	Art. 21.			
onseil de préfecture..	Art. 23.			

LÉGISLATION ET CONTRAVENTIONS.

Procédure (*suite et fin*).

Le prévenu est tenu de produire, dans le délai de trente jours, ses moyens d défense devant le conseil de préfecture..

Ce délai court à compter de la date de la notification du procès-verbal. Mentio en est faite dans ladite notification.

A l'expiration du délai fixé, le conseil de préfecture prononce, lors même qu les moyens de défense n'auraient pas été produits.

Son arrêté est notifié au contrevenant, dans la forme administrative, dix jours a moins avant toute exécution. Si la condamnation a été prononcée par défaut, l notification faite au domicile énoncé sur la plaque est valable.

L'opposition à l'arrêté rendu par défaut, devra être formée dans le délai de qua rante jours, à compter de la date de la notification.

Le recours au conseil d'État contre l'arrêté du conseil de préfecture, peut avoi lieu par simple mémoire déposé au secrétariat général de la préfecture ou à l sous-préfecture, et sans l'intervention d'un avocat au conseil d'État..........

Il sera délivré, au déposant, récépissé du mémoire, qui devra être immédiate ment transmis par le préfet.

Si le recours est formé au nom de l'Administration, il devra l'être dans les troi mois de la date de l'arrêté.

Quant à la procédure devant les tribunaux de police, sa marche est indiquée a Code d'instruction criminelle..

Procès-verbaux.

Voir *Procédure.* — *Affirmation.* — *Enregistrement*.....................

Pour les procès-verbaux suivis devant les tribunaux de police, se reporter à l marche indiquée par le Code d'instruction criminelle.......................

Propriétaires.

Tout propriétaire d'une voiture ne servant pas au transport des personnes e circulant sur des voies publiques sans qu'elle soit munie de la plaque prescrite pa l'art 3 de la loi du 30 mai 1851 et par les règlements rendus en exécution d n° 4 du 1er § de l'art. 2, sera puni d'une amende de six à quinze francs, et l conducteur d'une amende de un à cinq francs...............................

Lorsque le conducteur d'une voiture trouvée circulant sans plaque, est à la foi propriétaire de ladite voiture, la double amende ne saurait être prononcée (argu mentation).

Tout propriétaire de voiture est responsable des amendes, des dommages-intérêt et des frais de réparation prononcés, en vertu des articles du titre II de la loi d 30 mai 1851, contre toute personne préposée par lui à la conduite de sa voiture.

COMPÉTENCE.	LOI DU 30 MAI 1851.	DÉCRET DU 10 AOUT 1852.	ART. DIVERS.	PEINES.
nseil de préfecture..	Art. 24.			
nseil d'État........	Art. 25.			
lice...............	....	....	C. I. C., art. 139 et suiv.	
.,.................	Art. 15, etc.			
lice................	....	....	C. I. C., art. 139 et suiv.	
mple police........	Art. 3, 7, 20 et 21.	Art. 16.	C. P., art. 463.	6 à 15^f d'amende pour le propriétaire; 1 à 5^f p^r le conducteur.

LÉGISLATION ET CONTRAVENTIONS.

Si la voiture n'a pas été conduite par ordre et pour le compte du propriétaire la responsabilité est encourue par celui qui a préposé le conducteur...........
Voir *Plaque.*

Récépissé et Recours.

Voir *Procédure*...

Refus de s'arrêter.

Voir *Sommation de s'arrêter*.................................

Registre.

Chaque entrepreneur inscrit sur un registre, coté et paraphé par le maire, l nom des voyageurs qu'il transporte; il y inscrit également les ballots et paque dont le transport lui est confié. Il remet au conducteur, pour lui servir de feuill de route, une copie de cet enregistrement, et à chaque voyageur un extrait, en c qui le concerne, avec le numéro de sa place...........................

A chaque bureau de départ et d'arrivée, et à chaque relais, il y a un registr coté et paraphé par le maire, pour l'inscription des plaintes que les voyageur peuvent avoir à former contre les conducteurs, postillons ou cochers. Ce registr est présenté aux voyageurs, à toute réquisition, par le chef de bureau ou par l relayeur. Les maîtres de postes qui conduisent des voitures publiques présentent aux voyageurs qui le requièrent, le registre qu'ils sont obligés de tenir d'après l règlement des postes..

Relais.

Les relayeurs ou leurs préposés seront présents à l'arrivée et au départ de chaqu voiture, et s'assureront par eux-mêmes, et sous leur responsabilité, que les posti lons ne sont pas en état d'ivresse. La tenue des relais, en tout ce qui intéresse l sûreté des voyageurs, est surveillée, à Paris, par le préfet de police, et, dans le départements, par les maires des communes où ces relais se trouvent établi — Voir *Déclaration.* — *Registre*..............................

Réparation.

Voir *Dégradations*...

Répartition.

Voir *Amende*...

Rotonde.

Le coupé et l'intérieur auront une portière de chaque côté. La caisse de derrièr ou la *rotonde* peut n'avoir qu'une portière ouverte à l'arrière. Chaque portière ser garnie d'un marchepied..

COMPÉTENCE.	LOI DU 30 MAI 1851.	DÉCRET DU 10 AOUT 1852.	ART. DIVERS.	PEINES.
....	Art. 13, § 2.			
....	Art. 25, etc.			
....	Art. 10.			
....				
ce correctionnelle..	Art. 2, § 3; art. 6.	Art. 31.	L. du 25 mars 1815, art. 121 et 122.	16 à 200ᶠ d'amende, 6 à 10 jours de prison.
ice correctionnelle..	Art. 2, § 3, nᵒ 4; art. 6.	Art. 39.	C. P., art. 463.	16 à 200ᶠ d'amende, 6 à 10 jours de prison.
lice correctionnelle..	Art. 2, § 3, nᵒ 4; art. 6	Art. 37.	C. P., art. 463.	16 à 200ᶠ d'amende, 6 à 10 jours de prison.
nseil de préfecture..	Art. 9.	Art. 7.	....	3 à 50ᶠ d'amende.
....	Art. 28.			
lice correctionnelle..	Art. 2, § 3, nᵒ 1; art. 6.	Art. 25.	C. P., art. 463.	16 à 200ᶠ d'amende, 6 à 10 jours de prison.

LÉGISLATION ET CONTRAVENTIONS.

Roulier.

Tout roulier ou conducteur de voiture doit se ranger à sa droite à l'approche toute autre voiture, de manière à lui laisser libre au moins la moitié de la chaussé

Tout roulier ou conducteur doit se tenir constamment à portée de ses chevau

Sera puni d'une amende de seize à cent francs, indépendamment de celle qu pourrait avoir encourue pour toute autre cause, tout voiturier ou conducteur q sommé de s'arrêter par l'un des fonctionnaires ou agents chargés de constater contraventions, refuserait d'obtempérer à cette sommation et de se soumettre a vérifications prescrites. — Voir *Conducteur*. — *Stationnement*..............

Route déclive.

Les prescriptions de l'art. 3 de la loi du 30 mai 1851 ne sont pas applicab sur les parties de routes ou de chemins vicinaux de grande communication affe tées de rampes d'une déclivité ou d'une longueur exceptionnelle. Les limites de c parties de routes ou de chemins sur lesquelles l'emploi de chevaux de renfort autorisé, sont déterminées par un arrêté du préfet, sur la proposition de l'ingénie en chef ou de l'agent voyer en chef du département, et indiquées sur place p des poteaux portant cette inscription : *Chevaux de renfort*. Pour les voitur marchant avec relais régulier et servant au transport des personnes ou des ma chandises, la faculté d'atteler des chevaux de renfort s'étend à toute la longue des relais dans lesquels sont placés les poteaux. L'emploi de chevaux de renf peut être autorisé temporairement sur les parties de routes ou de chemins grande communication, lorsque, par suite de travaux de réparation ou d'auti circonstances accidentelles, cette mesure sera nécessaire; dans ce cas, le pré fera placer des poteaux provisoires..

Sabot d'enrayage.

Les voitures de Messageries doivent, outre la machine à enrayer, être pou vues d'un sabot et d'une chaîne d'enrayage que le conducteur placera à chaq descente rapide..

Les préfets peuvent dispenser de l'emploi de ces appareils les voitures qui pa courent uniquement des pays de plaine.

Saillie.

Voir *Collier*. — *Essieux*. — *Moyeux*. — *Chargement*. — *Bâche*.

Sassoires & Contre-sassoires.

Il est accordé, pour les voitures publiques à quatre roues, une augmentati dans leur hauteur de 10 centimètres, si elles sont pourvues à l'avant-train sassoires et contre-sassoires formant chacune au moins un demi-cercle de 1 mè 15 centimètres de diamètre, ayant la cheville ouvrière pour centre............

COMPÉTENCE.	LOI DU 30 MAI 1851.	DÉCRET DU 10 AOUT 1852.	ART. DIVERS.	PEINES.
ple police........	Art. 5.	Art. 9. .	C.P., art. 463.	6 à 10ᶠ d'amende,
Id.	Id.	Art. 14.	Id.	1 à 3 jours de prison; 15ᶠ et 5 jours en récidive.
ice correctionnelle..	Art. 10.	....	C.P., art. 463.	16 à 200ᶠ d'amende. 6 à 10 jours de prison.
nseil de préfecture..	Art. 4.	Art. 5.	....	5 à 30ᶠ d'amende.
lice correctionnelle..	Art. 2, § 3; art. 6.	Art. 27.	C.P., art. 463.	16 à 200ᶠ d'amende, 6 à 10 jours de prison.
lice correctionnelle..	Art. 2, § 3; art. 6.	Art. 22, § 2.	C.P., art. 463.	16 à 200ᶠ d'amende, 6 à 10 jours de prison.

LÉGISLATION ET CONTRAVENTIONS.

Siége

DE L'ÉTABLISSEMENT. — Voir *Déclaration*.

DU COCHER. — Les postillons ou cochers ne pourront, sous aucun prétexte descendre de leurs chevaux ou de leur siége...........................

Sommation de s'arrêter.

Sera puni d'une amende de seize à cent francs, indépendamment de celle qu' pourrait avoir encourue pour toute autre cause, tout voiturier ou conducteur qu sommé de s'arrêter par l'un des fonctionnaires ou agents chargés de constater le contraventions, refuserait d'obtempérer à cette sommation et de se soumettre au vérifications prescrites..

Sous-Préfet.

Le procès-verbal des contraventions est adressé, dans les deux jours de l'enre gistrement, au sous-préfet de l'arrondissement. — Le sous-préfet le transmet, dan les deux jours de sa réception, au préfet s'il s'agit d'une contravention de la com pétence des conseils de préfecture, ou au procureur de la République s'il s'ag d'une contravention de la compétence des tribunaux. — Voir *Déclaration*.....

Stationnement.

Il est interdit de laisser stationner sans nécessité, sur la voie publique, aucur voiture attelée ou non attelée.......................................

Tolérance.

SAILLIE DES MOYEUX. — Il est accordé une tolérance de deux centimètres s cette saillie pour les roues qui ont déjà fait un certain service................

Transport exceptionnel.

Voir *Pierres*. — *Poids*...

Traverses.

La hauteur des voitures des messageries est réglée par une traverse en fer placé au milieu de la longueur affectée au chargement, et dont les montants, a moment de la visite légale, sont marqués d'une estampille constatant qu'ils n dépassent pas la hauteur voulue; ils doivent, ainsi que la traverse, être constan ment apparents. — La bâche qui recouvre le chargement ne peut déborder ce montants ni la hauteur de la traverse..................................

Verglas.

En temps de neige ou de verglas, les prescriptions relatives à la limitation d nombre des chevaux demeurent suspendues............................

COMPÉTENCE.	LOI DU 30 MAI 1851.	DÉCRET DU 10 AOUT 1852.	ART. DIVERS.	PEINES.
lice correctionnelle..	Art. 6.	Art. 34, § 1.	C. P., art. 463.	16 à 200f d'amende, 6 à 10 jours de prison.
lice correctionnelle..	Art. 10.	....	C. P., art. 463.	16 à 200f d'amende. 6 à 10 jours de prison.
....	Art. 22.			
imple police........	Art. 5.	Art. 10,	C. P., art. 463.	6 à 10f d'amende, 1 à 3 jours de prison; 15f et 5 jours en cas de récidive.
....	....	Art. 1er, § 2.		
onseil de préfecture..	Art. 4.	Art. 4.	....	5 à 30f d'amende.
Police correctionnelle..	Art. 6.	Art. 22, § 3.	C. P., art. 463.	16 à 200f d'amende, 6 à 10 jours de prison.
....	....	Art. 6.		

LÉGISLATION ET CONTRAVENTIONS.

Visite des voitures publiques.

Voir *Déclaration*..

Voie des voitures publiques.

La largeur de la voie pour les voitures publiques est fixée au minimum à 1 mètre 65 millimètres entre le milieu des jantes de la partie des roues reposant sur le sol. Toutefois, si les voitures sont à quatre roues, la voie de devant pourra être réduite à 1 mètre 55 centimètres. — Voir *Exceptions*..............

Voies publiques.

Tout roulier ou conducteur de voiture doit se ranger à sa droite à l'approche de toute autre voiture, de manière à lui laisser libre au moins la moitié de la chaussée

Voitures.

Les voitures suspendues ou non suspendues servant au transport des personnes ou des marchandises, peuvent circuler sur les routes nationales, départementales et chemins vicinaux de grande communication, sans aucune condition de réglementation de poids ou de largeur de jantes............................

Voir *Bandes*. — *Clous*. — *Essieux*. — *Moyeux*. — *Attelage*. — *Chevaux*. — *Plaque*. — *Éclairage*. — *Stationnements*. — *Voies publiques*. — Pour les voitures de l'agriculture, voir *Exceptions*.................................

Voitures de Messageries.

Voir *Déclaration*. — *Estampilles*. — *Essieux*. — *Hauteur*. — *Sassoires*. — *Banquettes*. — *Pavillons*. — *Places*. — *Caisses*. — *Impériale*. — *Enrayage* — *Éclairage*. — *Registre*. — *Relais*. — *Affiches*.........................

Voitures ne servant pas au transport des personnes.

Voir *Chevaux*. — *Chargements*. — *Convoi*. — *Stationnements*. — *Plaques*..

Voituriers.

Voir *Conducteurs*. — *Sommation de s'arrêter*........................

Voyageurs.

L'entrepreneur ne peut admettre dans les compartiments de ses voitures un plus grand nombre de voyageurs que celui indiqué sur les panneaux, conformément à l'article 29................................

Chaque entrepreneur inscrit sur un registre coté et paraphé par le maire le nom des voyageurs qu'il transporte; il y inscrit également les ballots et paquets dont le transport lui est confié. Il remet au conducteur, pour lui servir de feuille de route, une copie de cet enregistrement, et à chaque voyageur un extrait en ce qui le concerne, avec le numéro de sa place.................................

COMPÉTENCE.	LOI DU 30 MAI 1851.	DÉCRET DU 10 AOUT 1852.	ART. DIVERS.	PEINES.
....	....	Art. 18.		
lice correctionnelle..	Art. 6.	Art. 20.	C.P., art. 463.	16 à 200f d'amende, 6 à 10 jours de prison.
mple police........	Art. 5.	Art. 9.	C.P., art. 463.	6 à 10f d'amende, 1 à 3 jours de prison; 15f et 5 jours en récidive.
....	Art. 1er.			
....	....	Art. 1er à 10.		
....	Art. 2, § 3.	Art. 17 à 42.		
....	....	Art. 11 à 16.		
....	Art. 2, 4, 5, 6, 7, 8, 9 et 10.	Art. 3, 7, 9, 14, 16 et 34.		
lice correctionnelle..	Art. 6.	Art. 29 et 30, § 2.	C.P., art. 463.	16 à 200f d'amende, 6 à 10 jours de prison.
....	....	Art. 31.		

6

ÉCLAIRAGE. — EXCEPTION (voiture d'agriculture). — PLAQUE.

Éclairage. L'*éclairage des voitures* est un des points capitaux de la police du roulage; aussi est-il nécessaire d'être parfaitement renseigné à ce sujet :

Le titre II du décret administratif n'est applicable qu'*aux voitures ne servant pas au transport des personnes,* et l'art. 15, qui prescrit l'éclairage, n'en dispense que les *voitures d'agriculture* (à moins de règlements particuliers.)

Le titre III n'est applicable qu'*aux voitures de messageries,* dont l'art. 28 ordonne l'éclairage par *une lanterne à réflecteur.*

La Cour de cassation, par plusieurs arrêts, notamment par ceux des 28 avril 1854 et 8 février 1856, a décidé que les voitures particulières servant au *transport des personnes* ne sont soumises à l'obligation d'être éclairées que lorsqu'il en est ainsi ordonné par des règlements locaux. Aussi, dans la plupart des départements, les préfets ont suppléé à cette lacune ou à cette erreur de la loi, qui n'aurait pas existé si l'*éclairage* eût été compris au titre Ier, applicable à toutes les voitures.

Il n'en est pas de même en ce qui concerne l'éclairage des voitures ne servant pas au transport des personnes et des voitures de messageries, qui doivent avoir leur réflecteur à droite. Il serait à désirer que ce fût de ce côté pour les unes et les autres; autrement, il peut arriver des accidents : aussi, pour les voitures servant au transport des personnes, plusieurs préfets ont-ils mis dans leurs arrêtés que l'éclairage devait avoir lieu à la droite.

Mais lorsque des voitures, marchant à la suite les unes des autres, ne constituent pas un *convoi* régulièrement formé, aux termes de l'art. 13 du décret du 10 août 1852, elles sont soumises à l'obligation d'être toutes éclairées.

Plaque. Un arrêt de la Cour de cassation, en date du 22 juillet 1853, a décidé que la dispense de la *plaque* pour les voitures qui servent au transport des objets récoltés, du lieu où ils ont été recueillis jusqu'à celui où, pour les conserver ou les manipuler, le cultivateur les dépose ou les rassemble, ne saurait s'étendre aux voitures qui transportent le produit des récoltes au marché.

Par voie d'analogie, on devrait juger de même en *matière d'éclairage.* — L'*éclairage* prescrit par l'art. 15 est obligatoire pour toutes les voitures affectées au *transport des marchandises,* qu'elles soient ou non chargées, et quand même la voiture, « établie sur ressorts, était garnie d'une banquette où pouvaient s'asseoir les personnes, et qu'elle n'était pas munie d'une plaque indiquant *sa destination exclusive ou spéciale au transport des marchandises.* » (Arrêt de la Cour de cassation du 1er mars 1855.)

La loi du 30 mai 1851 sur la police du roulage n'est applicable qu'aux voitures circulant sur les routes impériables ou départementales et les chemins vicinaux de grande communication, et ne s'applique pas (à moins d'arrêtés contraires) aux chemins vicinaux ordinaires, à ceux ruraux ou communaux, ni aux rues ou places intérieures des villes.

(Cour de cassation, 17 février 1855, et Tribunal de simple police de la Charente-Inférieure du 25 juillet 1855.)

COMPÉTENCE GÉNÉRALE.

Conseil de Préfecture.	Police correctionnelle.	Simple police.
BARRIÈRES de dégel. CHARGEMENT (sa largeur). CHEVAUX. CLOUS DES BANDES. COLLIERS (leur largeur). DÉGEL. DÉGRADATIONS. DOMMAGE. ESSIEUX (leur longueur). MOYEUX. OBJETS d'un grand poids, de volume. (Transport.) PONTS SUSPENDUS. POTEAUX. RÉPARATION. ROUTE déclive. TRANSPORT EXCEPTIONNEL.	BÂCHE et objets attachés en dehors. BANQUETTES (leur largeur, leur hauteur, distances diverses). CAISSE (disposition des portières). CHAÎNE D'ENRAYAGE. COMPARTIMENTS des messageries. DÉCLARATION. DISTANCES diverses. ÉCLAIRAGE pour les voitures publiques. ENRAYAGE. ESSIEUX (leur distance). ESTAMPILLE. FEUILLE de route. FRAIS DE VISITE. Permis de circuler. HALTE. Injonction. HAUTEUR d'une voiture de messageries. IMPÉRIALE (prescriptions y relatives). INSCRIPTION des voyageurs et des ballots. MARCHEPIED. MONTANTS de la traverse. NOM (indication de l'entrepreneur). NOMBRE des voyageurs. NUMÉROTAGE des places. OBJET sur la banquette et sur la bâche. OUTRAGES. PAVILLON (sa hauteur).	AFFICHAGE du règlement (portion). CONVOI (nombre des voitures, intervalle entre chacune). ÉCLAIRAGE pour les voitures ne servant pas au transport des personnes. PLAQUE (défaut). ROULIER (obligation de se ranger, d'être à portée de ses chevaux). STATIONNEMENT. VOIE PUBLIQUE (obligation de se ranger).

Conseil de Préfecture.	Police correctionnelle.	Simple police.
	PLACES (indication et admission).	
	PLAQUE (fausse).	
	PORTIÈRES.	
	POSTES (fraude).	
	POSTILLONS.	
	PRIX.	
	REFUS de s'arrêter.	
	REGISTRE d'inscription ou de plaintes.	
	RELAIS.	
	ROTONDE (portière et marchepied).	
	SABOT d'enrayage.	
	SASSOIRES.	
	SIÉGE.	
	SOMMATION de s'arrêter.	
	TRAVERSE des montants.	
	VISITE des voitures.	
	VOIE des voiture publiques.	
	VOYAGEURS (admission d'un plus grand nombre).	

N°
___

Procès-Verbal de Visite de Voiture publique.

◦ENTREPRISE

Pour le Service d

___

L'an mil huit cent

Nous,   *commissaire de police*

d   *vu*

qui commet
à l'effet d'expertiser une voiture publique destinée par
à faire un service de messageries d

Nous sommes transporté cejourd'hui, assisté de l'Expert
susnommé,
où il nous a été représenté une voiture dont voici le signalement :

Nous avons reconnu avec l'Expert, qui a constaté toutes les
mesures, que :

	M.	C.	INDICATIONS LÉGALES.
1° Sa hauteur, depuis le sol jusqu'à la partie la plus élevée, est de..			*Maximum* 3ᵐ,00
2° La voie de l'avant offre une largeur de.............			*Minimum* 1ᵐ,55
Et celle de l'arrière, de...........................			*Id.* 1ᵐ,65
3° Les essieux ont une longueur de			*Maximum* 2ᵐ,50
Ils sont distants l'un de l'autre de.................			*Minimum* 1ᵐ,55
4° La largeur moyenne des places est de..............			.... 0ᵐ,48
5° Celle des banquettes, de........................			.... 0ᵐ,45
6° Entre deux banquettes la distance est de.............			.... 0ᵐ,46
7° Entre la banquette du coupé et le devant de la voiture.			.... 0ᵐ,35
8° La hauteur du pavillon au-dessus du fond de la voiture.			.... 1ᵐ,40
9° La hauteur des banquettes (coussins compris) est de.			.... 0ᵐ,40
Sauf celle de la banquette d'impériale, qui est de....			.... 0ᵐ,30

10° Les essieux, conformément à l'article 26 du règlement, sont en fer corroyé et
terminés par
11° Elle a une machine à enrayer, un sabot et une chaîne.
12° Une lanterne à réflecteur est placée à droite de l'avant.

Dans les compartiments, chaque place porte l'indication de son numéro, et, à l'extérieur, elles sont numérotées.

De plus, il est encore écrit

L'Expert constate que cette voiture est solidement construite, qu'elle est bien conditionnée et de nature à faire un bon service, étant en tous points conforme au règlement administratif du 10 août 1852.

C'est pourquoi les soussignés sont d'avis d'autoriser la circulation de la voiture de messagerie ci-dessus expertisée.

De tout quoi nous avons fait, clos et rédigé le présent procès-verbal.

A   , les jour, mois et an que dessus, et a signé avec nous, après lecture, l'Expert susnommé.

Vu, en sous-préfecture, à
pour autoriser la mise en circulation de la voiture
ci-dessus expertisée.

A   le   18

Le Sous-Préfet,

Nous, Préfet,

Vu la loi du 30 mai 1851 sur la police du roulage;
Vu le décret du 10 août 1852;
Vu le procès-verbal d'expertise ci-dessus rapporté;

Considérant que

Délivré, sur le vu de l'autorisation,
l'estampille n°

A   *le*   18

Le

DÉPARTEMENT D

ENTREPRISE

SERVICE D

Relais d

Le présent Registre, contenant   feuillets, a été coté et paraphé par nous, Commissaire de police d

pour, conformément à l'article 39 du décret du 10 août 1852 sur la police du roulage, recevoir les plaintes et réclamations des voyageurs de la diligence d

Fait à   , le   185 .

Le Commissaire de police,

Relais d

DATE.	NOMS ET DEMEURE DU PLAIGNANT.	PARTIE CONTRE LAQUELLI LA PLAINTE EST PORTÉE.

tenu par

NOM de L'ENTREPRISE.	NATURE DE LA PLAINTE.	SOLUTION ou OBSERVATIONS.

RÉSUMÉ

DES

OBLIGATIONS DES ROULIERS

Pour le transport des Marchandises qui leur sont confiées.

Aux premières lignes de cet opuscule, nous disions que nous nous adressions à TOUS. — Guidé par la même pensée et au moment où nous croyons avoir terminé, il nous est venu cette réflexion : Il ne suffit pas d'avoir, par notre publication, mis à l'abri des contraventions le malheureux roulier, qui le plus souvent les ignorait; il faudrait, en peu de mots, résumer ses obligations à l'égard des marchands et du commerce, en ce qui concerne les marchandises qui lui sont confiées et dont il se trouve chargé.

Les marchandises voyagent sous *lettre de voiture timbrée*. — La lettre de voiture forme un *contrat* entre l'expéditeur et le *voiturier*, ou entre l'expéditeur, le commissionnaire et le *voiturier*. Elle doit être datée, exprimer la nature et le poids ou la contenance des objets à transporter; le *délai* dans lequel le transport doit être effectué. Elle indique le nom de celui à qui la marchandise est adressé, le prix de la voiture; l'*indemnité* due pour cause de *retard*. — Art. 101, 102 et 103 du Code de commerce.

Le voiturier est garant de la perte et des avaries, sauf le cas de force majeure ou de vice propre de la chose; ces deux exceptions sont également applicables en cas de retard. Art. 103 et 104.

Pour le détail des obligations imposées, Vaudoré enseigne que le voiturier doit veiller à la conservation des objets qui lui sont confiés, art. 1782, 1915 et 1783 Code Napoléon. Par exemple, il est tenu de faire réparer les fûts lorsque les liquides fuient; mais il doit préalablement faire constater la nécessité de la dépense. — Il doit préserver les marchandises de tout rapprochement qui pourrait les détériorer; — répondre des objets fragiles si de sa part il y a manque de soins, et si d'ailleurs l'emballage a été bien exécuté.

Toutes ces prescriptions découlent naturellement de ce principe général posé dans l'art. 1382 du Code Napoléon : « Tout fait quelconque de l'homme qui cause à autrui un dommage, oblige celui par la faute duquel il est arrivé à le réparer. »

En cas d'avaries, le destinataire, *avant de recevoir la marchandise*, doit faire constater son état par experts nommés par le président du tribunal de commerce ou par le juge de paix.

La réception sans *constatation d'état*, établit une fin de non-recevoir et fait présumer qu'on a renoncé au droit de se plaindre.

Un arrêt de la Cour de cassation, en date du 21 janvier 1807, a décidé que la responsabilité s'étend même à celui qui par des annonces publiques ou par des lettres de voiture, a dit qu'il ne s'obligeait pas à répondre du bris ni du coulage.

Ainsi donc, on ne saurait stipuler dans la lettre de voiture, autrement dit, écrire dans le contrat que le voiturier n'est pas responsable du bris non plus que du coulage, garanties qui sont la conséquence du dépôt nécessaire prévu par les art. 1915 et suivants du Code Napoléon.

La remise de la lettre de voiture faite par le roulier après la réception de la marchandise, implique payement du prix du transport; aussi est-ce un usage très-vicieux, dans certaines villes, de laisser entre les mains du destinaire la lettre de voiture dont on envoie subséquemment rentrer le prix.

Un dernier avertissement nous semble très-utile, et nous allons terminer par lui.

Dans la plupart des lettres de voiture, il est dit que la marchandise sera rendue dans un délai déterminé, à peine de réduction d'un tiers du prix de voiture. — Ceci peut ne pas être une indemnité pour solde ; car un arrêt de cassation, en date du 6 décembre 1814, a décidé « qu'une lettre de voiture n'est contrat entre le voiturier et l'expéditionnaire que pour les retards et les cas ordinaires (ici on retrouve l'esprit qui a dicté l'arrêt antérieur du 21 janvier 1807, rapporté ci-dessus). — S'il y a retard très-long, très-dommageable, il y a lieu à des dommages et intérêts, outre et par-dessus les retenues et les indemnités convenues par la lettre de voiture. » La Cour de cassation, par des arrêts subséquents, a confirmé cette jurisprudence.

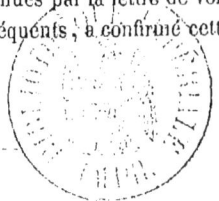

TABLE DES MATIÈRES

Nantes, Imprimerie And GUÉRAUD et C^{ic}, rue Basse-du-Château, 6.

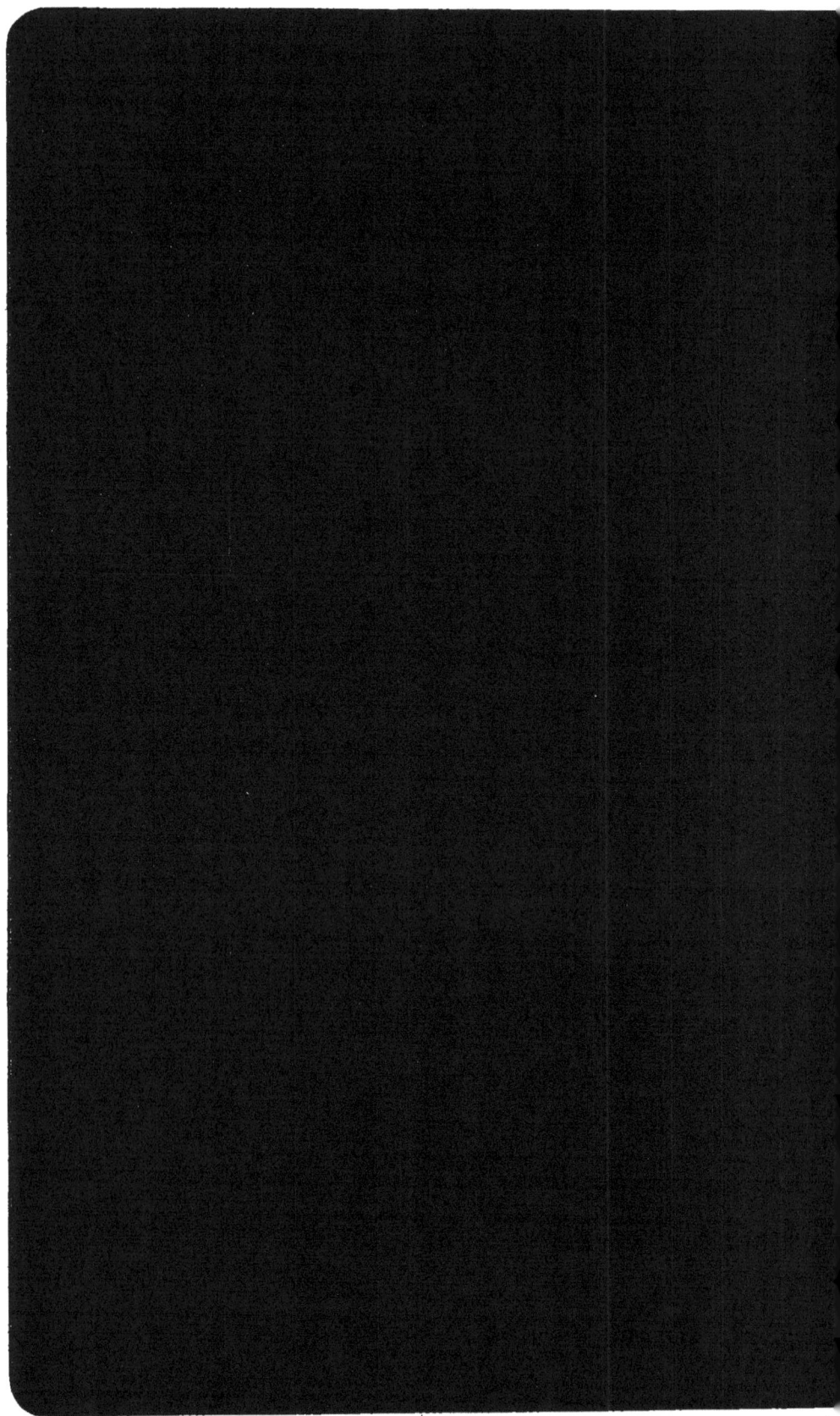

www.ingramcontent.com/pod-product-compliance
Lightning Source LLC
Chambersburg PA
CBHW071220200326
41519CB00018B/5608